Découvrez l'histoire par les archives de presse

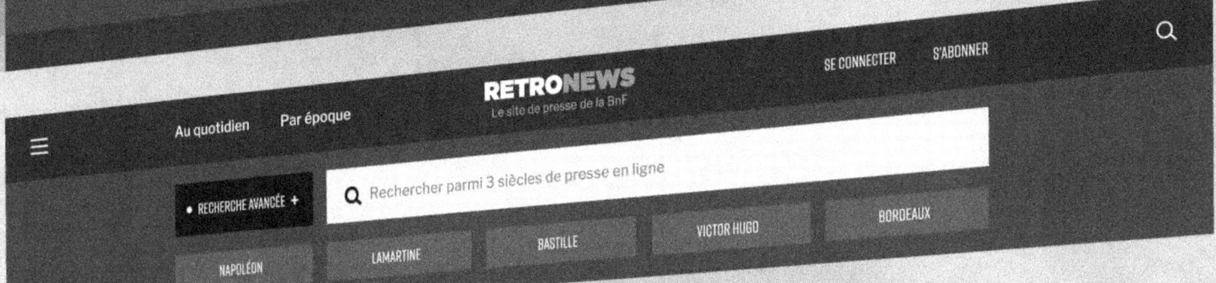

RETRONEWS

Le site de presse de la BnF

www.retronews.fr

DOUBLE

8Q 3960

ANNUAIRE

de la

LIBRAIRIE FRANÇAISE

Supplément pour 1906

ANNUAIRE

DE LA

LIBRAIRIE FRANÇAISE

TREIZIÈME ANNÉE

Supplément pour 1906

CONTENANT LES

Additions, Suppressions et Changements

SURVENUS PENDANT L'ANNÉE 1905

1° Par ordre alphabétique de noms de Libraires;
2° Par ordre alphabétique de noms de Villes.

~~~~~~~~~~

PARIS

LIBRAIRIE H. LE SOUDIER

174, BOULEVARD SAINT-GERMAIN, 174

1906.

Tous droits réservés.
~~~~~~~~~~

TABLE

LISTE ALPHABÉTIQUE

DES LIBRAIRES DE PARIS, DES DÉPARTEMENTS ET DES COLONIES

Pages9. ADAM. Rue de l'Abbé-Groult, 45, **PARIS** (XVe).

AGNÈS (Mme Vve). 1905. (LOYER-FONTAINE. 1870). Librairie générale. Rue du Bercail, 5, **ALENÇON** (Orne)...... *Groux.*

10. ALARDIE (B.). Rue Claude Bernard, 58, **PARIS** (V^e).

ALCAN-LÉVY. Rue Réaumur, 117, *au lieu de* rue Chauchat, **PARIS.**

11. AMARDEILH. **TOULOUSE.** (*A supprimer*).

ANDRÉAL. Rue Laferrière, 19, **PARIS** (IXe).

ANFOSSI et GIOTTI. **NICE.** S. ESCOFFIER, *successeur.*

ANTONINI (M.). Avenue de la Gare, 13, **MENTON**, *au lieu de* ANTONINI (Mme Vve). Avenue Félix-Faure, 7.

13. ANTONINI. **TOULON.** (*A supprimer*).

APPY (Félix). **NICE.** André MAYEUR, *successeur.*

ARÈNE (Gabriel). Avenue Beaulieu, 14, *au lieu de* rue de Lépante, 15, **NICE.**

ARMANGE et Cie. Quai des Grands-Augustins, 57, **PARIS** (VIe).

13. ARTHAUD. Rue du Faubourg-Saint-Martin, 48, **PARIS** (X^e).

ARTUS (Maurice). **PARIS.** (*A supprimer*).

AUBERTIN (Henri). **MARSEILLE.** FLAMMARION et VAILLANT, *successeurs.*

14. AUDINET. Rue Gay-Lussac, 60, **PARIS** (V^e).

AUFRÈRE (J.). 1896. Rue Nationale, **LEVROUX** (Indre).

sl. AUTRAN. **NICE** (Alpes-Maritimes).

AUXENFANS. Rue Moyenne, 13, *au lieu de* 26, **BOURGES.**

15. BAILOT (Félicien). 1905. (Edmond BAILOT. 1896). Librairie générale. Faubourg des Vosges, 86, **BELFORT.** . *Schlachter.*

BAL (Joseph). **BELLEVILLE-SUR-SAONE.** Louis MERMOD, *successeur.*

BALL (H.). A. . . **PARIS.** (Voir ALLIANCE COOPÉRATIVE DU LIVRE).

16. BARATIER et DARDELET. **GRENOBLE.** Félix DARDELET, *successeur.*

BARATTE (A.). 1905. (DEBUIRRE-DEHONDT. 1890). Librairie générale. Boulevard Jacquard, 20, **CALAIS** (Pas-de-Calais).

Schlachter.

BARBAT (François). 1905. (BARBAT-TORRESSE. 1886). Librairie générale. **BORT** (Corrèze).

Pages 16. BARBAT-TORRESSE. **BORT.** François BARBAT, *successeur.*

BARBÉ (Hippolyte). 1905. (Pierre FLEURY. 1802). Librairie générale et d'occasion. Place de l'Hôtel-de-ville, 23, **ROUEN** (Seine-Inférieure)........................... *Amat.*

BARBOT-BESNER. **TOURS.** COGNON, *successeur.*

17. BARBOU (Marc). **LIMOGES.** Maison à **PARIS**, rue de Turbigo, 4, *au lieu de 87.*

BARBOU (Victor). Librairie ancienne et moderne. Rue de l'Odéon, 10, **PARIS (VIe).**

BARDON (Mme). **LIBOURNE.** Jules BARDON, *successeur.*

BARDON (Jules). 1903. (HOUSTY). Librairie générale. **LIBOURNE** (Gironde)........................... *Hachette.*

BARRALIS. **MARSEILLE.** (*A supprimer*).

18. BARTHÉLEMY. **NICE.** (*A supprimer*).

BARTHÉLEMY (Eugène). ⓜ. ✠. Rue de la République, 20, *au lieu de* rue Neuve, **VIERZON.**

BAUDELIER. **JOINVILLE-LE-PONT.** Eugène FRANÇOIS, *successeur.*

BAUDOIN. **LE MANS.** (*A supprimer*).

19. BAUDRY-DE-SAUNIER (L.). Rue Duret, 20, *au lieu de* rue de Lauriston, 108, **PARIS.**

BAZIN. **TREVIÈRES** (Calvados). CH. RENOUF, *successeur.*

20. *sl.* BECKER-LACASSAGNE. 1902. (Mme BOUTIN. 1810). Livres classiques et de piété. Rue de la République, **MAURIAC** (Cantal).
Hachette.

BELIN DE LAUNAY. **PARIS.** (*A supprimer*).

BELLANGER. **POUANCÉ** (Mayenne).

21. BELLON (Mme). **ROUEN.** (*A supprimer*).

22. BERCHOUX (Joseph). Rue Anna Bibert, *au lieu de* rue Dequirasse, **TARARE.**

BERGERON (Vve Charles). **BLAYE**................. *Hachette.*

BERGER-LEVRAULT et Cie. (Dir. : Ch. NORBERG, O. ✿, G. IMHAUS et R. STEINHEIL). **NANCY** et **PARIS.**

BERGERET et Cie. **NANCY.** (*A supprimer*).

BERNARD (E.) et Cie. **PARIS.** *Supprimer* quai des Grands-Augustins, 29, *et le mot* succursales.

23. BERNARD (Léon). **VERSAILLES**.................... *Victorion.*

BERTÉA. Imprimeur libraire. **BOURG** (Ain).

24. BERTRAND (Emile). **CHALON-SUR-SAONE.** *Supprimer* maison à **PARIS.**

BERTRAND (Pierre). **MENTON.**......... *Messageries Hachette.*

BESSIN. **PARIS.** (*A supprimer*).

Pages 24. Bessire (André). 1904. (Léon Salmon). Livres d'occasion. Rue de Seine, 39, **PARIS** (VIᵉ).

Bette (Léon) et Hippolyte Caux. **ARMENTIÈRES.** Bette-Caux, *successeur*.

Bette-Caux. 1905. (Edmond Cado. 1846). Livres classiques et de piété. Grand'place, 2, **ARMENTIÈRES** (Nord)... *Hachette.*

Beuret (Lucien). 1902. (Mᵐᵉ Vᵛᵉ Ramilly. 1853). Librairie générale. Rue Grande, 10, **ALENÇON** (Orne)...... *Hachette.*

25. Biancalana. **NICE.** (*A supprimer*).

Bibliothèque coopérative. 1905. Éditeur. Livres pour la jeunesse. Rue de l'Échiquier, 26, **PARIS** (Xᵉ).

Bibliothèque indépendante d'Édition. (Voir Mˡˡᵉ Marguerite Weyrich, *au lieu d'*Adolphe d'Espie).

Bibliothèque de l'Occident. Éditeur. Rue Éblé, 17, **PARIS** (VIIᵉ).

Bibliothèque des romans pour tous. Éditeur. Rue Saint-Lazare, 92, **PARIS** (IXᵉ).

Bichsel. Éditeur. **LYON.**

sl. Bihourd (Georges-Hector). 1904. (Raimon et Roudhloff. 1878). Livres classiques. Avenue Trudaine, 17, et rue Rodier, 76, **PARIS** (IXᵉ).

27. Blancard. **ORAN.** Manhès, *successeur*.

Blanche (O.). 1905. Librairie générale. Rue du Pont-Mortain, 40, **LISIEUX** (Calvados)............ *Messageries Hachette.*

sl. Blanpied. **CHARMES** (Vosges).

Bligny (Louis) fils. 1905. (Bligny-Cottot. 1882). Livres classiques et de piété. Rue Saint-Saulge, 5, **AUTUN** (Saône-et-Loire)........................... *Lefebvre.*

Bligny-Cottot. **AUTUN.** Louis Bligny fils, *successeur*.

Blondel la Rougery (Édouard). 1905. (Francis Campbell. 1901). Éditeur. Cartes, guides. Passage du Havre, 24, **PARIS** (IXᵉ).

Blotière (Jules). 1897. (Lemaistre. 1869). Librairie générale. Rue Bazan, 61, **LE HAVRE** (Seine-Inférieure).

29. *sl.* Bonamy (Georges). **POITIERS** .... *Amat.*

Bonduel. **TOULON.** Lazare Olive, *successeur*.

sl. Bonifay (L.). **LA CIOTAT** .... *Hachette.*

Bonnard (Clara). **EPERNAY.** Bracquemart-Derousse, *successeur*.

Bonnardel. **NYONS.** (*A supprimer*).

30. Bonnière de la Luzellière (Paul de). **CONDÉ-SUR-L'ESCAUT.**
Hachette.

Pages 30. BONTRON (Fernand). **PARIS**. (Voir OFFICE DE LIBRAIRIE, D'ÉDITIONS ET DE TRAVAUX D'IMPRESSION).

BORDEAUX (Mme Vve). **CANNES** (Alpes-Maritimes). André LACROIX, *successeur.*

31. *sl.* BOUCHER. **LYON**.

BOUCHERIT (Mlle). **MORLAIX**. Raphaël LUCAS, *successeur.*

BOUCHEZ (Henri). 1906. (J. GUINEBERTIÈRE). Librairie classique et religieuse. Rue de l'Aiguillerie, 5, **ANGERS** (Maine-et-Loire) . . . . *Beauchesne.*

BOUCLET (Eugène-Stanislas). 1903. (DAVEU. 1859). Librairie générale. Rue de la Varenne, **ROMORANTIN** (Loir-et-Cher) *Hachette.*

BOUDIGNON-SARTIAUX et Cie. (Em. ROYER. 1866). Livres classiques. Boulevard Saint-Germain, 80, **PARIS** (V^e).

BOUFFARD (Mme Vve). **JANVILLE**. Ludovic PATY, *successeur.*

BOUILLON (Mme Alfred). 1905. (Vve CHAUVIN-LAILLIER. 1879). Librairie classique et romans. Rue Carnot, 14, **LA FLÈCHE** (Sarthe) . . . . *Hachette.*

BOUILLON (Emile). **PARIS**. (Voir Honoré CHAMPION).

32. BOULY (François). **MAYENNE**. BOURSIER et BRIDOUX, *successeurs.*

33. BOURSIER et BRIDOUX. 1905. (François BOULY. 1843). Place des Halles, **MAYENNE** (Mayenne) . . . . *Hachette.*

BOUSQUET frères. 1871. Livres d'occasion. Rue du 1er mai, **NARBONNE** (Aude).

BOUTEILLE (Eugène). 1905. (Victor DUMOUTIER. 1874). Rue de la Poterie, 25, **NANGIS** (Seine-et-Marne).

34. BRACQUEMART-DEROUSSE. 1904. (Clara BONNARD. 1856). Librairie religieuse. Rue Saint-Martin, **EPERNAY** (Marne).

35. BRET. **LYON**. (*A supprimer*).   *Amat.*

BRETNACHER (Jean). Librairie religieuse et musique. Rue Sainte-Beuve, 8, **PARIS** (VIe). Succursale : Rue des Volontaires, 20 (XVe).

36. BRISSET (Albert). **SAINT-RÉMY**. *Remplacé* par BRISSET AINÉ. 1905. (Albert BRISSET. 1897). Livres d'occasion. Rue Saint-Savournin, 6, **MARSEILLE**.

BRODEAU (H.). Rue de l'Hôtel-de-ville, 3 et 5, *au lieu de* rue Gambetta, **SAINT-JEAN-D'ANGELY**.

BROGARD. MUSTAPHA. (*A supprimer*).

BRON-BOURQUIN. REIMS. (*A supprimer*).

37. BROUSSÉ. **SAINT-GERMAIN-EN-LAYE**. (*A supprimer*).

Pages37. BRULEIN FRÈRES. Imprimerie-librairie. **BERK-PLAGE** (Pas-de-Calais).

BRUN (Mme). **LE VIGAN.** (*A supprimer*).

38. BRUNET-MOIRE (Vve), (*au lieu de* BRUNEY). 1883. (HERSANT). Librairie général. Grande rue, **FRESNAY-SUR-SARTHE** (Sarthe).
Hachette.

BUFFARD-MOREL (Mlle L.). 1905. (Auguste BONNEFOY. 1860). Librairie générale. Place de l'Abbaye, 6, **SAINT-CLAUDE** (Jura).
Hachette.

39. CABINET DU PAMPHLÉTAIRE. Rue Perronnet, 91, **NEUILLY** (Seine).

CADOT (G.). **LEVALLOIS-PERRET.** (*A supprimer*).

CAILLARD (F.). **NARBONNE**....................... *Hachette.*

CAILLET. **SÉEZ.** (*A supprimer*).

40. CAMPBELL (Francis). **PARIS.** BLONDEL LA ROUGERY, *successeur.*

CAMPISTRO FRÈRES. 1905. (FAU ET CAMPISTRO. 1840). Rue de La Barre, 10, et rue de la Loge, 7, **PERPIGNAN** (Pyrénées-Orientales).

CAMUS. **ROZOY-SUR-SERRE.** (*A supprimer*).

CANAUX (Auguste). 1902. (Henri HEUZÉ. 1855). Librairie générale. Place de l'Hôtel-de-ville, 9, **SAINT-VALÉRY-EN-CAUX** (Seine-Inférieure)............... *Messageries Hachette.*

41. CARBILLET (G.). **LANGRES.** Émile GENDREZ, *successeur.*

CARLIER. **PARIS.** (*A supprimer*).

CARON-GARRIGUES. 1904. (SAUVALLE. 1901). Librairie générale. Rue Saint-Jacques, 1 et 3, **VERNON** (Eure).

CARRÉ (L.). **PARIS.** (Voir C. OUTIN).

CARRÈRE. Place de la Cité, *au lieu de* place de la Gare. **RODEZ.**

42. CASSOLY (Léon) et Léon BOUSQUET. 1906. (Charles LATROBE. 1742). Librairie générale. Rue des 3 Journées, 1, **PERPIGNAN** (Pyrénées-Orientales)....................... *Gaulon.*

43. CAUVY (Romain). A. ⚓. **BONE**................. *Delagrave.*

CAVÉ (Fernand). 1906. (E. SCHNEIDER. 1869). Livres de littérature. Rue Jeanne d'Arc, 26, **ROUEN** (Seine-Inférieure).
Hachette.

CELU (F.). 1883. Libraire commissionnaire. Rue d'Allemagne, 7, *au lieu de* rue d'Italie, **TUNIS.**

45. CHAMBELLAN (André). **SEURRE.** Mlle Berthe SAVIGNOT, *successeur.*

CHAMPION (Honoré). Quai Malaquais, 5, *au lieu de* quai Voltaire, 9, **PARIS.**

CHAPUIS (Jacques). 1899. (GACHON. 1875). Librairie générale. Rue de la République, **ALBERTVILLE** (Savoie).
Petit Journal, Hachette.

Pages 46. CHARTIER FRÈRES. **MONTARGIS.** Charles CHARTIER, *successeur.*
   CHARTIER (Charles). 1905. Librairie classique. Rue de Loing,
      59, **MONTARGIS** (Loiret)............................ *Amat.*
   CHARTIER (Henri). 1905. (G. VIAULT. 1812). Librairie générale.
      Place d'Armes, 25, **VENDOME** (Loir-et-Cher).... *Schlachter.*
   CHASSEL (Joseph). **MIRECOURT.** Georges CHASSEL, *successeur.*

47. CHATELAIN (L.). Rue Saint-Dizier, 77, *au lieu de* 67, **NANCY.**
   CHAUVILLON (E.). 1905. (Edouard GONTIER. 1801). Livres clas-
      siques, littéraires et de piété. Place Royale, 5, **REIMS** (Marne).
                                                    Schlachter.
   CHAUVIN-LAILLIER (Mme Vve). **LA FLÈCHE.** Mme Alfred BOUILLON,
      successeur.

48. *sl.* CHEVASSU (Mme). **CHAMPAGNOLE** (Jura).
   CHEVILLARD-DUCHÊNE, **STENAY,** E. MARTINOT, *successeur.*
   CHEVRETEAU (A.). 1905. Livres d'occasion. Rue de Tournon, 5,
      PARIS (VIe).

49. CHRISTOPHE. **BOURG.** (*A supprimer*).

50. CLÉVI. **PARIS.** *Supprimer* 57.
   CLOUZOT (Léon). **NIORT.** Georges CLOUZOT, *successeur.*
   CLUZON (Ferdinand). 1905. Librairie générale et d'occasion.
      Rue Bellevue, 26, **CARCASSONNE** (Aude)......... *Hachette.*

51. *sl.* COGNON. 1905. (BARBOT-BESNER). **TOURS** (Indre-et-Loire).
                                                    Amat.
   COHEN (Mme Vve). **MONTPELLIER.**.................... *Groux.*
   COLAS (J.-B.). **PARIS.** (*A supprimer*).
   COLLET (T.). Rue de la République, 13, *au lieu de* 17,
      DRAGUIGNAN.
   COLLOT (Vve Emile). **BAR-LE-DUC.** Succursales *à supprimer.*

52. COLOMBE (Mlles). **VIMOUTIERS.**................... *Hachette.*
   COLPIN (Jules). **LILLE.**.............. *Groux, 4, rue d'Assas.*
   CONTE (Henry). A. ☼. 1905 (MARNE). Librairie générale. Rue
      de Lorraine, **VILLEFRANCHE-DE-ROUERGUE** (Aveyron).

53. CORBIÈRE et JULIEN. **ALBI.**.................... *Schlachter.*

54. COUDURIER et MONTÉGOUT. **SAIGON** (Cochinchine).
   COURTOIS-COURENQ. **MACON.** (*A supprimer*).
   COURTY (Antoine). Rue Nationale, 10, *au lieu de* rue de la
      République, 12, **TULLE.**

55. *sl.* COUTANCEAU. **BLOIS** .... *Hachette.*
   CRANGÉE (Paul). **SOMMEVOIRE.** (*A supprimer*).
   CRÉPU. **BONE.** (*A supprimer*).
   CREST (Albert). 1898. Librairie générale. Boulevard Latour-
      rette, **FORCALQUIER** (Basses-Alpes).

Pages 57. *c.* DANEL (L.). 1698. (Propr. : BIGO-DANEL, ✳, I. ❀, O. ✠, Léon DANEL, A. ❀, O. ✠, Omer BIGO, A. ❀, Liévin DANEL). Imprimeurs-éditeurs. Rue Nationale, 83, **LILLE**.

DANGLA. 1905. (Mlle PEYTHIEU). **VERSAILLES** (Seine-et-Oise).

DANGUIN PÈRE ET FILS. **TUNIS**. J. DANGUIN, *successeur*.

DARD-JANIN. **SAINT-ÉTIENNE**. (*A supprimer*).

DARDELET (Félix). 1900. (BARATIER ET DARDELET. 1815). Grande Rue, 4, **GRENOBLE** (Isère)...................... *Poisson.*

58. DAVEU. **ROMORANTIN**. Eugène BOUCLET, *successeur*.

DAVID (Alphonse). **VANNES**..................... *Delagrave*

DAVOUST (Théodore). **LAVAL**..................... *Groue*

DEBREU-DELPIERRE. 1886. Rue Sainte-Barbe, **MARQUISE** (Pas-de-Calais).

59. DEBUIRRE-DEHONDT (Mme). **CALAIS**. A. BARATTE, *successeur*.

DEGRÉ. **LE BLANC**. Mme VILLIERS-PAILLER, *successeur*.

DEHAUSSY. **LE CATEAU**. (*A supprimer*).

60. DELAMOLINIÈRE (Mme). 1864. (Félix BOURROUX). Librairie générale. Rue Notre-Dame, *au lieu de* Grande rue, **GANNAT**.

61. *c.* DELMAS (Gabriel). A. ❀. 1846. Librairie de la mutualité. **BORDEAUX**.

DELOCHE (Firmin). **LAMASTRE**. Maurice DELOCHE FILS, *successeur*.

62. DEPIERRE (Mlle). **DECIZE**. Antoine TRAVARD, *successeur*.

DÉPOLLIET. **LYON**. (*A supprimer*).

DESBOIS (E.). Rue Laforie de Monbadon, 36, *au lieu de* cours du Jardin public, **BORDEAUX**.

DESBONNET (Théophile). Librairie générale. Rue de la Victoire, *au lieu de* rue Haedo, **TLEMCEN**............... *Hachette.*

63. DESMET. Imprimeur-libraire. **TOURCOING** (Nord).

DESTERBECQ-VAAL. **ROUBAIX** (*A supprimer*).

64. DEVESLY (Mme Vve). 1902. (GROULS. 1897). Librairie classique. Avenue de la République, 108, **PARIS** (XIe).

DEYMIER (Mme Clémentine). **PARIS**. Mlle Céline FRÉLIN, *successeur*.

65. DOIZELET (Jules). Livres classiques. Rue de l'Hôtel-Dieu et rue de l'Écritoire, *au lieu de* succursale, rue des Ponts, **NOGENT-SUR-SEINE**.

DORN (R.). 1905. Éditeur. Rue Monsieur-le-Prince, 51, **PARIS** (VIe).

66. DOULADOURE-PRIVAT. **TOULOUSE**. (*A supprimer*).

68. DUCHER (E.). **PARIS**. DUCHER FILS, *successeurs*.

Pages 68. Duclercq (Paul). **ABBEVILLE** .... *Schlachter.*

Ducourtieux (Paul). I. ❦ et F. Gout. I. ❦. **LIMOGES.**

69. Dugas (A.) et Cie. **NANTES.** J. Guillard-Duparc, *successeur.*

Dujols. **COLOMBES.** (*A supprimer*).

Dulon (P.). **SAINTES.** Jean Dulon, *successeur.*

sl. Dulon (Jean). 1904. (Vve Dulon et Fils. 1850). Librairie générale. **SAINTES** (Charente-Inférieure) .... *Hachette.*

Du May (Albert). Rue Vivienne, 11, *au lieu de* rue Le Peletier. **PARIS.**

70. Dumoutier (Victor). **NANGIS.** Eugène Bouteille, *successeur.*

Dunod (Mme Vve Ch.). **PARIS.** H. Dunod et E. Pinat, *successeurs.*

Dunod (H.) et E. Pinat. A. ❦. 1905. (Ch. Dunod. 1829 ; Dunod et Vicq ; Vve Ch. Dunod). Éditeurs. Quai des Grands-Augustins, 49, **PARIS** (VIe).

Dupau-Charrier. **TENCE.** Dupau-Ponton, *successeur.*

Dupau-Ponton. 1903. (Dupau-Charrier. 1875). Livres classiques. **TENCE** (Haute-Loire) .... *Hachette.*

71. *sl.* Dupont. **PONT-DE-ROIDE** (Doubs).

72. Durlacher-Kaan. Livres israélites. Rue Lafayette, 83 *bis*, **PARIS** (IXe).

sl. Durvie (Marcel). 1901. Librairie générale. Rue Saint-Martin, 22, **DREUX** (Eure-et-Loir) .... *Schlachter.*

Duserre. **LE BLANC.** (*A supprimer*).

Duval (Paul). **ELBEUF.** .... *Gaulon.*

73. *sl.* Ecrement (A.). 1901. (A. Terrier. 1869). Librairie classique. Rue Grande, **LURE** (Haute-Saône). ... *Hachette.*

Edition du Beffroi. Rue Saint-Augustin, 24, **LILLE** (Nord).

Edition P. G. F. Rue du Mont-Dore, 9, **PARIS** (XVIIe).

Editions de la *Femme contemporaine.* Rue de la Vieille-Monnaie, 30, **BESANÇON** (Doubs).

Editions du Paris littéraire. Rue Berthollet, 29, **PARIS** (Ve).

74. Eloy (Jules). 1905. (P.-M. Laroche. 1876). Livres de piété et d'art. Place de la Gare, **ARRAS** (Pas-de-Calais). *Casterman.*

Emslie. **PARIS.** (*A supprimer*).

Enault. 1905. (Mlles Girard Sœurs). Livres de piété et de marine. Rue des Fonderies, 60, **ROCHEFORT-SUR-MER** (Charente-Inférieure) .... *Delagrave*

Escoffier (Siméon). 1905. (Anfossi et Giotti). Place Masséna, 3, **NICE** (Alpes-Maritimes). .... *Le Soudier*

75. Espie (Adolphe d'). **PARIS.** Mlle Marguerite Weyrich, *successeur.*

Pages 75. EYBOULET (Louis). **USSEL**. EYBOULET FRÈRES, *successeurs*.

EYBOULET FRÈRES. 1903. (Louis EYBOULET. 1860). Livres classiques. Avenue Gambetta, **USSEL** (Corrèze).
Colin P. V., Hachette G. V.

FAGET (Emile). 1905. (J. GOUDE-DUMESNIL. 1870). Livres classiques. Rue Saint-Gilles, 70, **ORTHEZ** (Basses-Pyrénées).
Delagrave.

FALQUE. Rue de Savoie, 15, **PARIS** (VIe).

76. FAU et CAMPISTRO. **PERPIGNAN** (Pyrénées-Orientales). CAMPISTRO FRÈRES, *successeurs*.

sl. FAURE. **MOULINS** (Allier).

77. FÉLIX (Auguste). A. ✚. Place du Marché, *au lieu de* rue aux Chevaux, **MILLY**.

FERAY (J.). 1903. (E. HERMEL). Librairie classique. Rue A. Legros, **FÉCAMP** (Seine-Inférieure).
H. Mounet, 19, rue Paul Lelong.

FERRAN FRÈRES. **AGEN**............................ *Gaulon.*

sl. FEUILLATRE (Eugène). A. ✚. 1905. (O. VILDIER. 1871). Librairie générale. Boulevard de Denain, 8, **PARIS** (X^e).

FEYS (Charles). **BLAMONT**. Emile HÖLLINGER, *successeur*.

78. FLAMMARION. **MARSEILLE**. (Voir FLAMMARION et VAILLANT).

FLAMMARION et VAILLANT. **PARIS**. Ajouter : Maison à **MARSEILLE**, rue Paradis, 34.

FLEURY (Edmond). **ROUEN**. H. BARBÉ, *successeur*.

FLIPO-BROUTIN (E.). Grande-Rue, 81, *au lieu de* 75, **ROUBAIX**.

79. FLORENTIN-BLANCHARD. **ROYAN**. (*A supprimer*).

FLOURET (Emile). 1887. (BOYER-TRIGOULET. 1810). Librairie générale. Rue du Marché, *au lieu de* Grande-Rue, **BERGERAC** (Dordogne)................................ *Hachette.*

FLOUZÉ. **BORDEAUX**. (*A supprimer*).

FONTAINE (Eugène). **PARIS**. (*A supprimer*)..

80. FORTIN (Henri). 1905. (Mme Vve MADELINE). Librairie générale. Rue du Vieux-Château, **CONDE-SUR-NOIREAU** (Calvados),
Hachette.

FOURNIER. **PARIS**. (*A supprimer*).

81. FOYER-GUERRY. **CHOLET**........................ *Amat.*

FRANÇOIS (Eugène). 1903. (BAUDELIER. 1899). Librairie générale. Rue du Pont, 20, **JOINVILLE-LE-PONT** (Seine).

FRELIN (Mlle Céline). 1902. (Mme Clémentine DEYNIER. 1870). Librairie générale. Rue Lepic, 12, **PARIS** (XVIIIe).

FRENOIR. **ROUEN**. (*A supprimer*).

FRIANT. **WATTRELOS**. (*A supprimer*).

Pages 81. FRIQUET (Léon). 1891. (BOUCHARDEAU. 1809). Librairie générale. Rue Grande, 85, **AUBUSSON** (Creuse)........... *Delagrave*.

FROCOURT. **SAINT-DENIS.** Joseph WEISS, *successeur*.

82. FURON (E.). **TREVIÈRES.** Ch. RENOUF, *successeur*.

GACHIE et AULA. **LILLE**............ *Raffel, 63, rue d'Argout*.

GACHON. **ALBERTVILLE.** Jacques CHAPUIS, *successeur*.

83. GANNE (Amand). 1902. (Mme NAYEL. 1875). Librairie classique. Rue Saint-Médard, **THOUARS** (Deux-Sèvres)...... *Hachette*.

84. GARSON (Abraham). Rue d'Oran, *au lieu de* place Nationale. **MASCARA.**

GAUDIN (Albert). 1901. (SOLMAIS. 1841). Librairie classique. Rue de l'Ile, 21, **SABLÉ** (Sarthe)............... *Hachette*.

85. *sl.* GAYSSIALS. **SAINT-ETIENNE** (Loire).

GAYNON. 1893. Librairie générale. Rue de la Pêcherie, **TARARE** (Rhône)........ *Messageries Hachette et Petit Journal*.

GAZEAU (Mlle C.). **ROCHEFORT-SUR-MER.** Mlles PERSON sœurs, *successeurs*.

86. GENDREY (Emile). 1905. (G. CARBILLET. 1805). Librairie générale. Place Diderot, **LANGRES** (Haute-Marne)....... *Groux*.

GEOFFROY (E.). **GRANVILLE.** Louis MOULIN, *successeur*.

87. GERBER. **CONSTANTINE.** (Voir LIBRAIRIE-PAPETERIE POPULAIRE).

sl. GEY ET GUY. Place de la Liberté, 4, *au lieu de* Grande Place, **LONS-LE-SAUNIER.**

88. GILLAUT-MACQUET. **BOULOGNE-SUR-MER.** (A *supprimer*).

GILLES (G.). **BLOIS.** (A *supprimer*).

GILLET (Mme J.). 1905. (Charles KIENNÉ). Librairie générale. Rue Colbert, 40, **RETHEL** (Ardennes)........... *Hachette*.

GILLON (Pierre). 1905. (Mme Vve LEDUC). **REMIREMONT.** (Vosges). *Hachette*.

GINESTET (J.). 1883. (CHALLIOL. 1825). Librairie générale. Rue Sainte-Cécile, 16, **ALBI** (Tarn)................ *Hachette*.

GIRARD (Armand). 1887. (LAUVERJAT. 1842). Librairie générale. Place des Marchés, 23, **ISSOUDUN** (Indre)....... *Hachette*.

GIRARD (Mme Vve Emile). **MONTMORENCY.** Mme Vve VIÉVILLE, *successeur*.

GIRARD (Mlles). **ROCHEFORT-SUR-MER.** ENAULT, *successeur*.

GIRARD. **VIENNE.** (A *supprimer*).

sl. GIRARDEAU-LOREAU. **LOUHANS** (Saône-et-Loire).

89. GIROD (P.). **LYON.** H. LARDANCHET, *successeur*.

GODFROY (René). Avenue de Paris, 18, **VERSAILLES** (Seine-et-Oise), *au lieu de* **LE HAVRE.**

90. GONTIER (Édouard). **REIMS.** E. CHAUVILLON, *successeur*.

GOUDE-DUMESNIL (J.). **ORTHEZ.** Émile FAGET, *successeur*.

GOUGÈRE (Armand). **CHATEAUDUN.** MORIN, *successeur*.

91. GRANDGÉRARD (Abel). 1904. Librairie générale et artistique. **LA ROCHE-EN-BREUIL** (Côte-d'Or).

92. GRANGÉ (Léon). 1905. (Henri RADET. 1840). Grande rue, 31, **CHATEAUNEUF-EN-THYMERAIS** (Eure-et-Loir).
Messageries Hachette.

GRÉGOIRE ET GINGOZ (Mmes). **LYON.** (*A supprimer*).

93. GROFFIER (Mme L.). 1905. (Émile NOURRY. 1840). Librairie générale. Place du Théâtre, 10, **DIJON** (Côte d'Or).

GROULS. **PARIS.** Mme Vve DEVESLY, *successeur*.

GRUET (François). **SAINT-CLAUDE.** Mlle L. BUFFARD-MOREL, *successeur*.

94. GUÉRIN. DELAHALLE et Cie. Librairie cynégétique. Rue de Rome, 11, **PARIS** (VIIIe).

95. GUILLARD-DUPARC (J.). 1905. (A. DUGAS et A. GUIST'HAU). Librairie générale. Rue d'Orléans, 3, **NANTES** (Loire-Inférieure)................................... *Hachette.*

GUILLAUD (Paul). (MACQUET. 1829). Imprimeur-libraire. Rue du Pot d'Étain, 59, **BOULOGNE-SUR-MER** (Pas-de-Calais).

GUILLAUME-THOUROUDE. **NANTES.** Louis LANDREAU, *successeur*.

GUILLAUMIN et Cie. **PARIS.** (Voir Félix ALCAN).

96. GUINEBERTIÈRE (J.). **ANGERS.** Henri BOUCHEZ, *successeur*.

GUITTON. **LA ROCHE-SUR-YON.** (*A supprimer*).

98. HAZARD (G.). Publications illustrées. Boulevard des Capucines, 21, **PARIS** (IIe).

HÉBERT (Lucien). **PARIS.** (*A supprimer*).

sl. HÉBERT (Eugène). 1904. (PENTEUX-NATIVELLE. 1873). Librairie générale. Rue Torteron, 54, **SAINT-LO** (Manche).
Petit Journal et Hachette.

HENRY (Bienaimé). Rue du Commerce, *au lieu de* rue de la Vase, **CHERBOURG.**

HENRY (Vve Alfred). 1903. (VASSEUR-PIERENS. 1880). Livres classiques. Rue des Chaudronniers, 15, **DUNKERQUE** (Nord).
Gaulon.

HENRY (A.). **TOURS.** Victor LEMIALE, *successeur*.

99. *sl.* HÉRIQUE. **BEAUCOURT** (Territoire de Belfort).

HERMEL (E.). **FÉCAMP.** J. FERAY, *successeur*.

HERPIN. Imprimeur-libraire. **ALENÇON** (Orne).

HERVÉ (J. K.). **PARIS.** (*A supprimer*).

Pages 99. HEYMANN. Avenue de la République, **PARIS**. (*A supprimer*).

100. HÖLLINGER (Emile). 1905. (VERNIER. 1840. Ch. FEYS. 1886). Librairie générale. Grande rue, 79, **BLAMONT**. (Meurthe-et-Moselle).................... *Petit Journal et Hachette.*

sl. HORN (Jules) fils. 1905. (Mme Vve J. HORN. 1852). Librairie catholique. Rue Thiers, 19, **SAINT-DIÉ** (Vosges)..... *Amat.*

HOUDEMARE. **MONTIVILLIERS**. (*A supprimer*).

HUART. **RETHEL**. (*A supprimer*).

HUART. **VIRE**. (*A supprimer*).

HUAULT (Mlle). **CHINON**. Léon OGIER, *successeur*.

101. HUET (J.). 1892. (PILLET-HUET). Rue des Juifs, **SANCERRE** (Cher).

102. JACOB (Mme Paul). Rue Saint-Jean, 19, **NEUFCHATEAU** (Vosges).

JACQUES (A.). **DOLE**. *Au lieu de* JACQUEL.

103. JANICOT (François). Place de l'Eglise, *au lieu de* Grande rue, **MEYMAC** .... *Delagrave.*

JEAN (François). **BOURGES**. (*A supprimer*).

JEAN-FONTAINE. **PARIS**. Jules MEYNIAL, *successeur.*

JEANNIN. Imprimeur-libraire. **TREVOUX** (Ain).

JEANTY. **RAON-L'ETAPE**. Mlle KUNTZMANN, *successeur.*

104. *sl.* JOBERT (Mlles). **MORLAIX** (Finistère).

sl. JONTE (Mme). **MONTBÉLIARD** (Doubs).

105. JOUVE (H.). I. ✪. Editeur. Rue Racine, 15, **PARIS** (VIe).

106. JUST-BERNARD. **BOURGES**. (*A supprimer*).

KAAN (Léon). **PARIS**. (Voir DURLACHER-KAAN).

KARL (Vve A.). 1904. (Alphonse KARL. 1892). Rue Denfert-Rochereau, 43, **BOULOGNE-SUR-SEINE** (Seine). *Au lieu de* Cité des Fleurs, **PARIS**.

KIENNÉ (Charles). **RETHEL**. Mme J. GILLET, *successeur.*

107. KOSSMANN-BECKER (Jean). **MAURIAC**. BECKER-LACASSAGNE, *successeur.*

KUNTZMANN (Mlle). 1897. (P. JEANTY. 1869). Rue Jules Ferry, **RAON-L'ETAPE** (Vosges).

LABILLE-ROUSSEAU. **PONTARLIER**. Mme Vve RONOT-ROUSSEAU, *successeur.*

108. LACROIX (André). 1905. (Mme Vve BORDEAUX). Rue d'Antibes, 73, **CANNES** (Alpes-Maritimes).

LACUVE (Ed.). **MELLE**. MONTAZEAU-LACUVE, *successeur.*

LAFFITTE (Mme J.). 1905. Librairie générale. Boulevard de la République, 57 et rue Cornières, 30 et 32, **AGEN** (Lot-et-Garonne)...................................... *Gaulon.*

Pages 111. *sl.* LANDREAU (Louis). 1898. (GUILLAUME-THOUROUDE. 1840). Librairie religieuse. Haute grande rue, 25, **NANTES** (Loire-Inférieure) . . . . *Amat.*

LANGLOIS (Paul). **ROUEN.** (*A supprimer*).

LANOÉ-MAZEAU. Haute grande rue, 2, *au lieu de* rue Saint-Pierre, 2, **NANTES.**

112. *sl.* LARDENCHET (H.). 1904. (J. ROUX. 17..). Librairie générale. Rue Émile Zola, 2, **LYON** . . . . *Groux.*

LAROCHE (P.-M.). **ARRAS.** Jules ELOY, *successeur.*

113. LARSONNIER. **BEAUVAIS.** (*A supprimer*).

LATROBE (Charles). **PERPIGNAN.** CASSOLY ET BOUSQUET, *successeurs.*

LAUR (Francis). Rue Brunel, 23, *au lieu de* 26, **PARIS.**

114. LEBAILLY (Mlle). **LE HAVRE.** (*A supprimer*).

LÉAGE (Élie) ET Cie. Rue Francis-Garnier, 1, **SAINT-ETIENNE** (Loire).

LEBÈGUE (J.) et Cie. Rue de Lille, 30, *au lieu de* 25, **PARIS.**

115. LEBLANC (Martial). **LIMOGES** . . . . *Amat.*

LE BLOND (L.). **LISIEUX.** O. BLANCHE, *successeur.*

LE BODO FRÈRES. **TOURS.**

sl. LE BORGNE (L.). 1906. (Henri OBLIN. 1768). Librairie générale. Rue Saint-Yves, 46, **BREST** (Finistère) . . . . *Groux.*

116. LECLERCQ (Auguste). **SAINT-LO.** VOISIN-LECLERCQ, *successeur.*

117. *sl.* LEDOUX (Alfred). (J. SOUQUE. 1868). Librairie générale. Rue de Rome, 52, **PARIS** (VIIIe).

LEDUC (Alphonse). **PARIS.** Émile LEDUC, Paul BERTRAND et Cie, *successeurs.*

LEDUC (Mme). **PLOMBIÈRES.** (*A supprimer*).

LEDUC (Mme Vve). **REMIREMONT.** Pierre GILLON, *successeur.*

118. LEFRÈRE. **LEVROUX.** (*A supprimer*). (Voir AUFRÈRE).

LE GOAZIOU (François). **DINAN.** . . . . *Delagrave.*

LE GOAZIOU (Alexandre). 1881. Librairie classique et religieuse. Place Souvestre, **MORLAIX** (Finistère). . . . . *Hachette.*

120. LEMAIRE (Henri). 1885. (J. MATHON. 1833). Librairie générale et religieuse. Grand'Place, 28, **TOURCOING** (Nord). *Hachette.*

LEMAISTRE. **LE HAVRE.** Jules BLOTIÈRE, *successeur.*

LEMENIL. **ASNIÈRES.** (*A supprimer*).

LEMERCIER (E.). Librairie générale. Avenue Victor Hugo, 5, **PARIS** (XVIe).

sl. LEMIALE (Victor). 1902. (A. HENRY. 1855). Librairie religieuse. Rue Descartes, 1, **TOURS** (Indre-et-Loire) . . . . *Groux.*

Pages 121. LENEUTRE (Edmond). **SAINT-VALÉRY-EN-CAUX.** Auguste CANAUX, *successeur*.

LEPARGNEUR (H.). Rue du Cloître, 6, *au lieu de* rue de l'Université, **REIMS.**

122. LEQUESNE. **MALO-LES-BAINS.** (*A supprimer*).

LEROY (Charles). **BRETEUIL-SUR-ITON** . . . . *Hachette.*

124. LEVRIER (Henri). 1903. (LEVRIER père. 1882). **ORLEANS.**

125. *sl.* LIARD. **BESANÇON** (Doubs).

LIBRAIRIE ALGÉRIENNE ET IMPRIMERIE. **ALGER.**

LIBRAIRIE DE L'ANCIEN TEMPS. Livres d'occasion. Rue de la Victoire, 49, **PARIS** (IXe).

LIBRAIRIE DE L'ART ANCIEN ET MODERNE. Rue du Mont-Thabor, 28, *au lieu de* rue Taitbout, 60, **PARIS** (Ier).

LIBRAIRIE ARTISTIQUE. Rue Thérèse, 13, **PARIS** (Ier).

LIBRAIRIE ARTISTIQUE ET LITTÉRAIRE. Rue du Mont-Thabor, 10, **PARIS** (Ier).

LIBRAIRIE DES ARTS ET SCIENCES, rue Bonaparte, 2, *au lieu de* rue Vavin, **PARIS.**

126. LIBRAIRIE CYNÉGÉTIQUE. **PARIS.** (Voir GUÉRIN, DELAHALLE et Cie).

LIBRAIRIE DRAMATIQUE. Rue Le Peletier, 17, **PARIS** (IXe).

127. LIBRAIRIE ÉVANGÉLIQUE. **NICE** (Alpes-Maritimes).

128. LIBRAIRIE DE L'INDÉPENDANT. Rue de la Préfecture, 4, *au lieu de* rue d'Espira, **PERPIGNAN.**

LIBRAIRIE DU LOIRET. **ORLÉANS.** (Voir MAUME-VERNÉDAL).

129. LIBRAIRIE NOUVELLE. **CAEN** (Calvados). (Voir R. LEFORESTIER).

LIBRAIRIE DE PAGES LIBRES. 1901. (Charles GUIEYSSE). Éditeur. Rue Séguier, 17, **PARIS** (VIe).

130. LIBRAIRIE DES PUBLICATIONS POPULAIRES ET DU SOLDE. Rue des Fossés-Saint-Jacques, 16, **PARIS** (V^e).

LIBRAIRIE DE SAINT-CIRQUE. **PARTHENAY.** (*A supprimer*).

LIBRAIRIE SAINTE-GENEVIÈVE. Rue Clovis, 9 et 11, **PARIS** (V^e).

LIBRAIRIE SÉRAPHIQUE. **BOURG-DE-PÉAGE** (Drôme).

131. LIBRAIRIE UNIVERSELLE. Rue de Provence, 33 *au lieu de* 53, **PARIS.**

LIBRAIRIES-IMPRIMERIES RÉUNIES. **LYON.** (*A supprimer*).

LIEUTARD ET GENU. **MONACO.** (*A supprimer*).

132. LONGUET-DESTABLE (Mme Vve). **LAON.** WARNET-FAGARD, *successeur*.

133. LOUP (Louis). A. ✿, O. ✠. 1880. (Louis LOUP. 1847). Rue de la Barrière, **RODEZ** (Aveyron).

LOUVET (Mme Vve A.). **TROUVILLE-SUR-MER.** Léon RABEY, *successeur*.

Pages 133. LOUY-CAUMONTAT (F.). **CONDOM** . . . . *Messageries Hachette.*

LOYER-FONTAINE. **ALENÇON.** Mme Vve AGNÈS, *successeur.*

LUCAS (Raphaël). 1903. (BRIANT-BOUCHERIT. 1869). Librairie générale. Rue d'Aiguillon, 10, **MORLAIX** (Finistère).
Hachette.

MADELINE (Mme). **CONDÉ-SUR-NOIREAU.** Henri FORTIN, *successeur.*

134. MAGUY (Vve) ET FILS. **GÉMOZAC** . . . . *Petit Journal.*

MAILLARD. **RIBEMONT.** (*A supprimer*).

MAISON D'ÉDITIONS. Rue Lavoisier, 21, **PARIS** (VIIIe).

MAISON D'ÉDITIONS SCIENTIFIQUES, LITTÉRAIRES ET ARTISTIQUES. **PARIS.** (*A supprimer*).

MAISON (LA) DU LIVRE. 1906. Librairie générale. Rue du Curé, 12, **ROUBAIX** (Nord).

135. MALBRAND (P.). Quai de l'Université, 2, *au lieu de* 3, **RENNES.**
Gaulon.

MALLIARD-BROGNIER (Raphaël). A. ✪. 1904. (Vve MALLIARD. 1857). Librairie générale. Rue Condorcet, 16, **RIBEMONT** (Aisne). . . . . *Petit Journal.*

MALOINE. **PARIS.** Maison à **LYON,** 6, rue de la Charité.

136. MANHÈS. **ORAN** (Algérie).

137. MARCHAND (Mme Vve). Grande rue, 174, **DIEPPE.**

MARCHAND (Ch.). Éditeur. Rue du Caire, 43, **PARIS** (IIe).

MARCHAND. **POISSY.** Jules PERCHELLET, *successeur.*

MARIN (V. P.). **PARIS.** (Voir BRICON et LESOT).

138. MARRE. **VILLEFRANGE-DE-ROUERGUE.** Henry CONTE, *successeur.*

MARSOLLET. **EVREUX.** (*A supprimer*).

MARTIN (Mme). Montée des Carmélites, **LYON.** (*A supprimer*).

139. MARTINET - HEUILLARD. 1905. (Calixte HEUILLARD). **SAINTE-MENEHOULD** (Marne).

MARTINOT (Émile). 1906. (CHEVILLARD-DUCHÊNE. 1863). Place du Marché, 12, **STENAY** (Meuse). . . . . *Hachette.*

140. *s/.* MASSON. **REIMS** (Marne).

s/. MATHIE. **AUDINCOURT** (Doubs).

141. MAYEUR (André). 1905. (Félix APPY. 1865). Librairie générale. Boulevard Mac-Mahon, 36, **NICE** (Alpes-Maritimes).
Jeanmaire.

MAZET. **MARSEILLE.** (*A supprimer*).

142. MENIER (Auguste). 1905. (Albert MILLIET. 1870). Librairie générale. Rue des Marins, 2, **CHATEAUROUX** (Indre).
Petit Journal et Hachette.

MERELLI. **MARSEILLE.** (*A supprimer*).

Pages 143. MERMOD (Louis). 1904. (Joseph REVERDY. 1884). Rue de Beaujeu, **BELLEVILLE-SUR-SAONE** (Rhône)....... *Delagrave.*

MEYNIAL (Jules). 1906. (Emile JEAN-FONTAINE. 1863). Livres anciens. Boulevard Haussmann, 30, **PARIS (IXe)**.

144. MICHAUD (Vve P.). Rue Lecourbe, 6, *au lieu de* rue Neuve, **LONS-LE-SAUNIER**.

MICHAUD (Louis). 1905. Editeur. Boulevard Saint-Germain, 168, **PARIS (VIe)**.

MICHAUD (Léon). A. ✪. 1903. (F. MICHAUD. 1874). **REIMS**.   *Lemoigne.*

MILHAUD-MONTEL ET Cie. **NICE**. (*A supprimer*).

MILLIET (Albert). **CHATEAUROUX**. Auguste MENIER, *successeur.*

145. MISTRAL. **CAVAILLON** .... *Hachette.*

146. MOLOUAN (Eug.). Rue Madame, 35 et 37, *au lieu de* 46, **PARIS**.

MONMAYRAC, *au lieu de* MONMAYRANT. **AGEN**.

MONNERET (Charles). **AUXERRE** .... *Geffroy.*

MONTAZEAU-LACUVE. 1888. (Ed. LACUVE. 1828). Librairie générale. Grande rue, **MELLE** (Deux-Sèvres)........ *Hachette.*

147. MONTMASSON (Mme). **LYON**. (*A supprimer*).

148. *sl.* MORIN (Gaston). 1905. (Armand GOUGÈRE. 1897). Librairie générale. Rue Gambetta, 23, **CHATEAUDUN** (Eure-et-Loir).   *Hachette.*

MOTTÉ (L.). 1901. (Mme Vve RAUX. 1885). Librairie générale. Rue du Casino, **DINARD** (Ille-et-Vilaine).. *Messageries Hachette.*

MOULIN (Louis). 1905. (GEOFFROY. 1868). Librairie générale. Rue du Pont, 26, **GRANVILLE** (Manche).......... *Hachette.*

150. NAUDIN (A.). Boulevard Saint-Germain, 199 *bis*, *au lieu de* 201, **PARIS**.

NAYEL (Mme Vve). **THOUARS**. Amand GANNE, *successeur.*

NEAL'S LIBRARY. **PARIS**. (Voir W. H. SMITH et SON).

NICOLAS (E.). Rue Grôlée, 6, *au lieu de* rue Tupin, 38, **LYON**.   *Maurel, 28, rue Monsieur-le-Prince.*

151. NOAL. **SAINT-CHELY-D'APCHER**. Frédéric OLIER, *successeur.*

NOEL (Ernest). A. ✪. 1888. Librairie générale. Rue Grande, 50, **VENDEUVRE-SUR-BARSE** (Aube)............... *Hachette.*

NOURRY (Emile). **DIJON**. Mme L. GROFFIER, *successeur.*

NOURRY (Emile). Rue Notre-Dame-de-Lorette, 14, *au lieu de* rue des Saints-Pères, 11, **PARIS**.

152. OBLIN (Henri). **BREST**. L. LE BORGNE, *successeur.*

OFFICE DE LIBRAIRIE, D'EDITIONS ET DE TRAVAUX D'IMPRESSION. (Fernand BONTRON, directeur). 1905. Rue de Latran, 5, **PARIS (V^e)**.

Pages 152. OGERET. I. ✪. et MARTIN. ⬡. 1896. (SAVIGNÉ. 1834). **VIENNE** (Isère).

sl. OGIER (Léon). 1904. (Mlle HUAULT. 1862). Librairie générale. Place de l'Hôtel-de-Ville, 17, **CHINON** (Indre-et-Loire).
Messageries Hachette.

sl. OLIER (Frédéric). (NOAL. 1870). Librairie générale. **SAINT-CHELY-D'APCHER** (Lozère) . . . . *Lefebvre.*

sl. OLIVE (Lazare). 1800. (BONDUEL. 1880). Librairie générale. Place d'Armes, 18, **TOULON** (Var) . . . . *Messageries Hachette.*

OLLIVIER (Mme Vve). **MONTÉLIMAR**. (*A supprimer*).

153. OUDIN (H.). Rue de Condé, 24, *au lieu de* rue Soufflot, 9, **PARIS**.

OUTIN (Charles). Rue Saint-Sulpice, 24, et rue Bonaparte, 57, *au lieu de* rue des Saints-Pères, 61, **PARIS**.

OZANGE (Émile-Lucien). 1889. **PONT-L'EVÊQUE** (Calvados).
Gaulon.

PAILHÉ (Louis). **LECTOURE** . . . . *Messageries Hachette.*

154. *sl.* PARAGOT. **ORLÉANS** (Loiret).

PARIS (Mme). **VERSAILLES**. DANGLA, *successeur.*

155. PASCAL (Henri). A. ✪. Rue Tiquetonne, 38, *au lieu de* 26, **PARIS**.

PATAY (Adolphe). Rue du Faubourg-Saint-Martin, 31, *au lieu de* passage de l'Industrie, 6, **PARIS**.

PATOOR-ACHTE. **BERGUES** . . . . *Hachette.*

sl. PATY (Ludovic). 1897. (BOUFFARD. 1850). Librairie classique. Rue du Château, **JANVILLE** (Eure-et-Loir).
Petit Journal et Hachette.

PAULETTE (A.). Rue Nationale, 31, *au lieu de* 23, **CONSTANTINE**.

156. PAYET. Imprimeur-libraire. **SAINT-MAIXENT** (Deux-Sèvres).

157 PÉLOT (Paul). **BELFORT** . . . . *Poisson.*

PÈNE (DE). **PARIS**. TOURNAIRE, *successeur.*

PENTEUX-NATIVELLE (Mme). **SAINT-LO**. Eugène HÉBERT, *successeur.*

PERCHELLET (Jules). 1901. (MARCHAND. 1880). Librairie générale. Rue de Paris, 64, **POISSY** (Seine-et-Oise).
Flamant, 14, rue d'Amsterdam.

158. PERLIÉ (Édouard). **GUINGAMP** . . . . *Hachette.*

PERREYON FRÈRES. Imprimeurs-libraires. Rue Victor-Hugo, 1, **LYON**.

PERRIER (P.). Rue de l'Hôtel-de-Ville, *au lieu de* boulevard Oudinot, **ORAN** . . . . *Gaulon.*

PERROT (Louis). **AVIGNON**. (*A supprimer*).

Pages 159. PERSON sœurs (Mlles). 1905. (SALIS. 1896). Librairie générale. Rue Chanzy, 122, ROCHEFORT-SUR-MER (Charente-Inférieure).

PESCHAUD (Honoré). 1901. ALAIS. *Au lieu de* PESCHAUD FILS AINÉ. . . . . *Hachette.*

sl. PETIT (Pierre). MAISONS-LAFFITTE (Seine-et-Oise).

PETIT (E.). PARIS. (Voir LIBRAIRIE DES PUBLICATIONS POPULAIRES).

PETIT (Th.). PONT-SAINTE-MAXENCE. (*A supprimer*).

PETIT (Victor). VERNON. *Petit Parisien et Messageries Hachette.*

PEUCH (L.). A. ✿. 1900. Livres classiques. Place Gambetta, 18, TULLE (Corrèze). . . . . *Hachette.*

sl. PEY. SAINT-AMOUR (Jura).

160. PHILIPPOT (Léon). BOULOGNE-SUR-SEINE. (*A supprimer*).

PIAGGI ET Cie. Boulevard du Palais, 6, *au lieu de* rue de l'Opéra, 3, BASTIA.

PIAU-LÉONARD. MAYENNE. POIRIER FRÈRES, *successeurs.*

161. PIÉRART. AVESNES. (*A supprimer*).

PIERRON (Paul). 1904. (PIERRON et HOZÉ. 1880). Editeur almanachs. Rue du Four, 1. NANCY (Meurthe-et-Moselle).
Amat.

PIERRON et HOZÉ. NANCY. Paul PIERRON, *successeur.*

PIGEON (F.). Rue de Richelieu, 57, *au lieu de* boulevard Bonne-Nouvelle, PARIS.

PILLET (F.). Livres d'occasion. Rue Sainte-Catherine, 13, LYON.

sl. PIN. Rue Eugène Gibez, 5, PARIS (XVe).

162. PIOTROWSKI (M.). EPINAL. (*A supprimer*).

163. POINAT (A.). Editeur. Rue de Marseille, 9, LYON. Maison à PARIS, rue Royer-Collard, 4.

POIS (Henri). Rue de la Manufacture Nationale, 25, *au lieu de* place de l'Hôtel-de-Ville, BEAUVAIS.
Plisson et Cie, 62, rue des Marais.

POISSON (Just). Rue de Lille, 37, *au lieu de* rue de Beaune, PARIS.

165. POTTELAIN (Maximilien). LA MALMAISON. (*A supprimer*).

166. PRÉVOT (Ph.). Livres d'occasion. Rue Saunerie, 18, AVIGNON (Vaucluse).

PRÉVOT-BUSSY. 1876. (PRAQUIN et RENDU). Livres classiques. Rue Saint-Pierre, 20, BEAUVAIS (Oise). . . . . *Hachette.*

PRIVAT (Edouard). TOULOUSE. . . . . *Hachette.*

PROMIOT. LYON. (*A supprimer*).

167. PRUDHON (Louis). 1905. Rue Sigorgne, 35, MACON (Saône-et-Loire).

Pages 167. PRÉVOT (Charles). **PARIS.** (Voir ÉDITIONS DE LA PENSÉE).
QUATREBŒUFS. **RENNES.** (*A supprimer*).

168. *sl.* RABEY (Léon). 1904. (Vᵛᵉ LOUVET. 1900). Librairie générale.
Rue des Bains, 71, **TROUVILLE** (Calvados)....... *Hachette.*
RADET (Henri). **CHATEAUNEUF-EN-THYMERAIS.** Léon GRANGÉ,
successeur.
RAIMON et ROUDHLOFF. **PARIS.** G.-H. BIHOURD, *successeur.*

169. RAMBAL FILS. Rue Frégère, *au lieu de* rue Voltaire,
CLERMONT-L'HÉRAULT.
RAMILLY (Mᵐᵉ). **ALENÇON.** Lucien BEURET, *successeur.*
RAPET FILS. **LYON.** (*A supprimer*).
RASMUSSEN (Vald). 1902. (1837). Libraire commissionnaire.
Rue du Cherche-Midi, 42, **PARIS** (VIᵉ).
RATEL (Félix). **DIJON.** .... *Amat.*
RAUX (Mᵐᵉ Vᵛᵉ). **DINARD-SAINT-ENOGAT.** L. MOTTÉ, *successeur.*

170. REBIERRE. **BEZIERS.** (*A supprimer*).
REDONNET FILS. **AMIENS.** .... *Hachette.*
REGNAULT (Félix). **TOULOUSE.** .... *Hachette.*
RELIN. **CETTE.** (*A supprimer*).
RELIN (Louis). **MONTPELLIER.**
       Rouert, 18, boul. de Strasbourg.

171. RENARD (Mˡˡᵉ). **CHATILLON-SUR-SEINE.** (*A supprimer*).
RENARD (Adolphe). **LA FERTÉ-BERNARD.** (*A supprimer*).

sl. RENARD (Adolphe). 1904. (GUILLOTIN. 1897). Librairie classique.
Rue Gambetta, 35, **LE MANS** (Sarthe). .... *Hachette.*
RENDU. **BEAUVAIS.** PRÉVÔT-BUSSY, *successeur.*
RENOUF (Charles). 1903. (FURON). Librairie religieuse. Rue
Émile Demagny, **ISIGNY-SUR-MER** (Calvados)... *Delagrave.*

172. REVOL (Jean). **SFAX.** .... *Le Soudier.*
REYMOND (A.). **BOURBONNE-LES-BAINS.** (*A supprimer*).
REYNÈS (Mᵐᵉ A.). **POITIERS.** (*A supprimer*).

173. RICHARD (Joseph). **LOCMINÉ.** *Lefebvre, 132, rue de Turenne.*
RIGAULT (E.). Rue Carnot, 28, *au lieu de* 24, **PONTOISE.**

174. RIPÉ (Albert). Place Colbert, *au lieu de* rue Audry-de-
Puyravault, **ROCHEFORT-SUR-MER.** .... *Hachette.*
ROBARD. **PARIS.** (*A supprimer*).

175. ROBIN (L.). **BORDEAUX.** Louis SARTHE, *successeur.*

176. *sl.* ROGER. **PRIVAS** (Ardèche).
ROLLAND (E.) et DELCROIX. 1905. Rue Pasteur, 15, **LE CATEAU**
(Nord).

Pages 176. ROMAGNOL (A.). Rue de Seine, 85, *au lieu de* rue de Condé, **PARIS**.

 RONOT-ROUSSEAU (Mme Vve). 1905. (LABILLE-ROUSSEAU. 1850). Librairie religieuse. Place Saint-Bénigne, **PONTARLIER** (Doubs).

177. ROSIER (Paul). 1905. Librairie générale. Rue de Richelieu, 26, **PARIS** (Ier).

ROTIER (Mme Vve). **PARIS**. (*A supprimer*).

ROUBILLE (Mme Vve J.). Place d'Orléans, 1, *au lieu de* rue Damrémont, **CONSTANTINE**.

178. ROUSSEAU-LEROY (Mme Vve). **AMIENS**. (*A supprimer*).

ROUSTAN (Sabin). 1905. Librairie générale. Rue de la Paroisse, 69, **VERSAILLES** (Seine-et-Oise)............... *Delagrave*.

179. ROUX-CONCHON. 1890. (CONCHON. 1854). Boulevard de Courtais, 55, **MONTLUÇON** (Allier)...................... *Hachette*.

ROYER (Em.) et FILS. **PARIS**. BOUDIGNON-SARTIAUX et Cie, *successeurs*.

RUDEVAL (F.-R. de). Editeur. Sciences et médecine. Rue Antoine-Dubois, 4, **PARIS** (VIe).

180. SAARBACH'S NEW EXCHANGE. Rue Saint-Georges, 9, **PARIS** (IXe).

SACQUET (Pierre). **PARIS**. Jean SCHEMIT, *successeur*.

SAFFROY FRÈRES, *au lieu de* SAFFROY (Louis). **PRÉ-SAINT-GERVAIS**.

SAINT-MARTORY. **PERPIGNAN**. CAMPISTRO FRÈRES, *successeurs*.

181. *sl.* SALEROU (A.). 1905. Rue Gioffredo, 62, **NICE** (Alpes-Maritimes).

SALMON (Léon). **PARIS**. André BESSIRE, *successeur*.

SAMAMA. **TUNIS**. (*A supprimer*).

SAMAT FILS ET Cie, *au lieu de* SAMAT et FILS. **MARSEILLE**.

182. SARTHE (Louis). A. ✪. 1905. (L. ROBIN. 1816). Librairie générale, neuve et occasion. Rue Vital-Carles, 22, **BORDEAUX** (Gironde)........ .... *Hachette*.

SASSARD (Emile). **PONTARLIER**........ *Messageries Hachette*.

SAUVAIGO (J.-B.). **CANNES**. (*A supprimer*).

SAUVAIGO FILS. **CANNES**. (*A supprimer*).

SAUVAIGO (A.). Rue Pastorelli, 37, *au lieu* d'avenue Malausséna, **NICE**.

SAUVALLE. **VERNON**. CARON-GUARRIGUES, *successeur*.

SAVIGNAT (Mlle Berthe). 1905. (André CHAMBELLAN. 1838). Livres classiques. Rue de la République, **SEURRE** (Côte-d'Or). *Petit Journal*.

Pages 182. SAVIGNÉ. **VIENNE**. OGERET ET MARTIN, *successeurs*.

SAVY (Louis). **LYON**. (Voir A. MALOINE).

183. SCHLESINGER (Emmanuel). Rue de Bagneux, 58, **MONTROUGE** (Seine). *Au lieu de* rue de Seine, 15, **PARIS**.

SCHNEIDER FRÈRES. **ROUEN**. Fernand CAVÉ, *successeur*.

SCHREYER (Mme Vve). **VASSY**. (*A supprimer*).

184. SEIWITH. **PARIS**. (*A supprimer*).

185. SERVIOZ (Mlle). **GRENOBLE**. (*A supprimer*).

SIDOT FRÈRES. **NANCY**. V. VAGNER et J. LAMBERT, *successeurs*.

SIGAUD. **LYON**. (*A supprimer*).

sl. SIGNORELLO. **MARSEILLE**.

SIMON (Mlle). **CHERBOURG**. (*A supprimer*).

SIMON (Francis). Boulevard Laennec, 38, *au lieu de* rue des Carmes, **RENNES**. MAISON à **PARIS**, rue Jean-Jacques Rousseau, 64.

186. SINTES (Antoine). **ALGER**........................ *Hachette*.

SMITH ET SON (W. H.). (NEAL'S LIBRARY, 1878). Rue de Rivoli, 248, **PARIS** (Ier).

187. SOCIÉTÉ D'ÉDITIONS. Rue Vivienne, 47, **PARIS** (IIe).

SOCIÉTÉ D'ÉDITIONS CATHOLIQUES. **PARIS**. (*A supprimer*).

SOCIÉTÉ D'ÉDITIONS CONTEMPORAINES. Rue du Pont-de-Lodi, 5, **PARIS**. (VIe).

SOCIÉTÉ DES PUBLICATIONS MORALES ET RELIGIEUSES. Rue de Salenques, 28, *au lieu de* SOCIÉTÉ DES LIVRES RELIGIEUX, rue Romiguières, 7, **TOULOUSE**.

SOCIÉTÉ NOUVELLE DES ÉCOLES DE FRANCE. **LYON**. (*A supprimer*).

SOCIÉTÉ NOUVELLE DE LIBRAIRIE ET D'ÉDITION. Rue de Vaugirard, 101, *au lieu de* rue Cujas, **PARIS**.

SOLNAIS (Mathurin). **SABLÉ**. Albert GAUDIN, *successeur*.

188. SOUBIRON (E.-B.). **TOULOUSE**.................... *Schlachter*.

SOULIER (Mme Vve E.). Rue de la Muette, 4, *au lieu d'*avenue Longueil, 17, **MAISONS-LAFFITTE**.

SOUQUE (Jules). **PARIS**. Alfred LEDOUX, *successeur*.

189. STEPHAN (Charles-H.). A. ✿. Boul. Beaumarchais, 52, *au lieu de* boulevard de l'Hôpital, **PARIS**.

STIEGLER (Léon). Faubourg de France, 51, *au lieu d'*avenue Carnot, **BELFORT**.

STORCK (Adrien). **LYON**. *Supprimer* Succursale, **PARIS**.

SUZANNE ET HAVEZ. **PARIS**. Émile ULMANN, *successeur*.

190. TAFFIN-LEFORT. **LILLE**. Maison, rue de Savoie, 11, *au lieu de* rue des Saints-Pères, **PARIS**.

Pages 191. TERQUEM (Emile). Rue Scribe, 19, *au lieu de* rue des Mathurins, **PARIS**.

TERRAT. **VIZILLE**. (*A supprimer*).

TERRIER (A.). **LURE**. A. ECREMENT, *successeur*.

TERRIER (Mme Vve F.). **QUIMPERLÉ** .... *Hachette*.

192. TEYSSÈRE (Paul). **VILLENEUVE-SUR-LOT**. *Hachette et Petit Journal*.

193. THORINAUD (Antoine). Avenue de la Gare, *au lieu de* rue de la Comédie, **MONTLUÇON**.

THUILLIER-BLONDEL (R.). **LIGNY-LES-AIRE**, *au lieu de* **ARDRES**.
Hachette.

194. TOURNAIRE. 1906. (VATON). Boulevard Saint-Germain, 242 *bis*, **PARIS (VIIe)**.

TOURSIER (Gustave). Rue des Remparts d'Aindy, 7, **LYON**, *au lieu de* **VALENCE**.

TRAU (Mme). Libraire-éditeur. Rue de Rennes, 152, **PARIS (VIe)**.

TRAVARD (Antoine). 1905. (RAGUS). Librairie générale. **DECIZE (Nièvre)** .... *Hachette*.

195. TRICHON. **SAINT-OMER** (Pas-de-Calais).

sl. TRISTAN (Mlle). **BAUME-LES-DAMES** (Doubs).

196. TURMEL (Mme). **LYON** (*A supprimer*).

ULMANN (Emile). A. ✪. 1903. (SUZANNE ET HAVEZ. 1873). Rue Malebranche, 5, **PARIS (Ve)**.

VAGNER (V.) et J. LAMBERT. 1905. (SIDOT FRÈRES. 1872). Librairie générale et d'occasion. Rue Raugraff, 3, **NANCY** (Meurthe-et-Moselle) .... *Le Soudier*.

VALD RASMUSSEN. **PARIS**. (Voir RASMUSSEN Vald).

197. VANNIER (Camille). **BLOIS** .... *Hachette*.

VAN OEST et Cie (G.). Rue Bonaparte, 17, **PARIS (VIe)**. Maison à **BRUXELLES**.

VASSEUR-PIERENS (L.). **DUNKERQUE**. Vve A. HENRY, *successeur*.

198. VERBOUX (Victor). Librairie religieuse et classique. Place Saint-Maurice, *au lieu de* rue Grenette, **ANNECY**.

199. VERDONCK (J.). **ROUBAIX**. (*A supprimer*).

VERGÈS (Mme Vve). **ENGHIEN-LES-BAINS**. (*A supprimer*).

VÉSONE et MATHIEU. Editeurs. Avenue d'Orléans, 87 *bis*, **PARIS**.

200. VIAULT (Gatien). **VENDOME**. Henri CHARTIER, *successeur*.

VIRAILLE (Mlle). **QUESNOY-SUR-DEULE**. (*A supprimer*).

VIÉ et FILS (Mme), *au lieu de* Mme VIER. **NANTES**.

VIÉVILLE (Mme Vve). 1905. (Victor GUICHOT. 1869). Livres classiques. Place du Marché, 18, **MONTMORENCY** (Seine-et-Oise) .... *Hachette*.

Pages 200. Vignancourt. **PARIS.** (*A supprimer*).

201. Vignon Fils (Eugène). 1904. (Vignon-Sulaux. 1840). Livres
classiques. Rue Saint-Pierre, 1, **SENLIS** (Oise)... *Hachette*.

Vignon-Sulaux (Eugène). **SENLIS.** Vignon Fils, *successeur*.

Vildier (O.). **PARIS.** E. Feuillatre, *successeur*.

Villiers-Pailler (Mme Vve). (Decré). Rue Saint-Honoré, 11,
LE BLANC (Indre).

Vincent. Livres d'occasion. Rue Dupaty, 7, **LA ROCHELLE**
(Charente-Inférieure).

202. Voisin-Leclercq (A.-R.). 1904. (Aug. Leclercq. 1892).
Librairie religieuse. Rue Torteron, **SAINT-LO** (Manche).
Delagrave et Hachette.

Vonner. **TUNIS.** (*A supprimer*).

203. Warnet-Fagard. 1905. (Mme Vve Longuet-Destable). Rue
Châtelaine, 4, **LAON** (Aisne)................... *Hachette*.

Weiss (Joseph). 1899. (Frocourt. 1871). Librairie générale.
Rue de Paris, 58, **SAINT-DENIS** (Seine).

Weyrich (Mlle Marguerite). 1905. (Adolphe d'Espie. 1904).
Bibliothèque indépendante d'édition. Rue Victor-Massé, 17,
PARIS (IXe).

204. Yon (Gustave). 1882. Librairie classique. Rue Pont-Mortain,
34, **LISIEUX.**

Zahn (Armand). Place de la Mairie, *au lieu de* place des
Champs, **SAINT-POURÇAIN-SUR-SIOULE.**

LIBRAIRIES DE PARIS

ADAM, rue de l'Abbé-Groult, 45 (XVe).

ALARDIE (B.), rue Claude-Bernard, 58 (V^e).

ALCAN-LÉVY, rue Réaumur, 117 (IIe), *au lieu de* rue Chauchat.

ANDRÉAL, rue Laferrière, 19 (IXe).

ARMANGE ET Cie, quai des Grands-Augustins, 57 (VIe).

ARTHAUD, rue du Faubourg-Saint-Martin, 48 (X^e).

ARTUS (Maurice). (*A supprimer*).

AUDINET, rue Gay-Lussac, 60 (V^e)

BALL (H.). (Voir ALLIANCE COOPÉRATIVE DU LIVRE).

BARBOU (Marc), rue Turbigo, 4, *au lieu de* 87.

BARBOU (Victor), rue de l'Odéon, 10 (VIe).

BAUDRY DE SAUNIER, rue Duret, 20 (XVIIe).

BELIN DE LAUNAY. (*A supprimer*).

BERNARD (E.) ET Cie. *Supprimer :* quai des Grands-Augustins, 29 *et le mot* succursales.

BESSIRE (André), rue de Seine, 39 (VIe).

BIBLIOTHÈQUE COOPÉRATIVE, rue de l'Echiquier, 26 (X^e).

BIBLIOTHÈQUE DU FIN DE SIÈCLE, rue Thérèse, 13, *au lieu de* rue du 29 juillet.

BIBLIOTHÈQUE INDÉPENDANTE D'ÉDITION. (Voir Mlle Marguerite WEYRICH, *au lieu* d'Adolphe D'ESPIE).

BIBLIOTHÈQUE DE L'OCCIDENT, éditeur, rue Eblé, 17 (VIIe).

BIBLIOTHÈQUE DES ROMANS POUR TOUS, rue Saint-Lazare, 92 (IXe).

BIHOURD (G.-H.), avenue Trudaine, 17 et rue Rodier, 76 (IXe).

BLONDEL LA ROUGERY, éditeur, passage du Havre, 24 (IXe).

BONTRON (Fernand). (Voir OFFICE DE LIBRAIRIE, D'ÉDITIONS, etc.).

BOUDIGNON-SARTIAUX ET Cie, boulevard Saint-Germain, 80 (V^e).

BOUILLON (Emile). (Voir H. CHAMPION).

BRETNACHER (J.), rue Sainte-Beuve, 8, et rue des Volontaires.

CAMPBELL (F.). (Voir BLONDEL LA ROUGERY).

CARLIER. (*A supprimer*).

CARRÉ (L.). (Voir C. OUTIN).

CHAMPION (Honoré), quai Malaquais, 5, *au lieu de* quai Voltaire.

CHEVRETEAU (A.), rue de Tournon, 5 (VIe).

CLÉVI, boul. de Clichy, 57. (*A supprimer*).

COLAS (J.-B.). (*A supprimer*).

DEYMIER. (Voir Mlle FRELIN).

DEVESLY (Vve), avenue de la République, 108 (XIe).

DORN (R.), éditeur, rue Monsieur-le-Prince, 51 (VIe).

DOUVILLE (Pierre), rue de Trévise, 28, *au lieu de* 42.

DUCHER FILS, éditeurs, *au lieu de* DUCHER (E.).

Du May (Albert), rue Vivienne, 41, *au lieu de* rue Le Peletier.

Dunod (Vve Ch.). (Voir H. Dunod et E. Pinat).

Dunod (H.) et E. Pinat, éditeurs, quai des Grands-Augustins, 49 (VIe).

Durlacher-Kaan, rue Lafayette, 83 bis, *au lieu de* Mme Vve Durlacher.

Edition P. G. F., rue du Mont-Dore, 9 (XVIIe).

Editions du Paris littéraire, rue Berthollet, 29 (Ve).

Emslie. (*A supprimer*).

Espie (Adolphe d'). (Voir Mlle Marguerite Weyrich).

Falque, rue de Savoie, 15 (VIe).

Feuillatre (E.), boulevard de Denain, 8 (IXe).

Frelin (Mlle C.), rue Lepic, 12 (XVIIIe).

Fontaine (Eugène). (*A supprimer*).

Fournier. (*A supprimer*).

Grouls. (Voir Vve Devesly).

Guérin, Delahalle et Cie, rue de Rome, 11 (VIIIe).

Guillaumin et Cie. (Voir Félix Alcan).

Hazard (G.), boulevard des Capucines, 21 (IIe).

Hébert (Lucien). (*A supprimer*).

Hervé (J.-K.). (*A supprimer*).

Heymann, avenue de la République. (*A supprimer*).

Jean-Fontaine (Emile). (Voir J. Meynial).

Jouve (H.), éditeur, rue Racine, 15 (VIe).

Kaan (Léon). (Voir Durlacher-Kaan).

Karl. (*A supprimer*).

Laur (Francis), rue Brunel, 23, *au lieu de* 26.

Lebègue (J.) et Cie, rue de Lille, 30, *au lieu de* 25.

Ledoux, rue de Rome, 52 (VIIIe)

Leduc (Emile), Paul Bertrand et Cie, *au lieu de* Leduc (Alphonse).

Lemercier (E.), avenue Victor-Hugo, 5 (XVIe).

Librairie de l'ancien Temps, rue de la Victoire, 49 (IXe).

Librairie de l'Art ancien et moderne, rue du Mont-Thabor, 28, *au lieu de* rue Taitbout.

Librairie artistique, rue Thérèse, 13.

Librairie artistique et littéraire, rue du Mont-Thabor, 10 (Ier).

Librairie des arts et sciences, rue Bonaparte, 2, *au lieu de* rue Vavin.

Librairie cynégétique. (Voir Guérin, Delahalle et Cie).

Librairie dramatique, rue Le Peletier, 17 (IXe).

Librairie de Pages libres, rue Séguier, 17 (VIe).

Librairie des Publications populaires et du solde, rue des Fossés-Saint-Jacques, 16 (Ve).

Librairie Sainte-Geneviève, rue Clovis, 9 et 11 (Ve).

Librairie universelle, rue de Provence, 33, *au lieu de* 53.

Maison d'Editions, rue Lavoisier, 21 (VIIIe).

Maison d'Editions scientifiques, etc. (*A supprimer*).

Marchand (Ch.), éditeur, rue du Caire, 43 (IIe).

MARIN (V. P.). (Voir BRICON et LESOT).

MELET (Mme), rue Vivienne, 44-46.

MENDEL (Léon), rue de Savoie, 19.

MEYNIAL (Jules), boulevard Haussmann, 30 (IXe).

MICHAUD (Louis), éditeur, boulevard Saint-Germain, 168 (VIe).

MOLOUAN (Eug.), rue Madame, 35 et 37 *au lieu de* 46.

NAUDIN (A.), boulevard Saint-Germain, 199 *bis*.

NEAL'S LIBRARY. (Voir W. H. SMITH et SON).

NOURRY (E.), rue Notre-Dame-de-Lorette, 14 (IXe), *au lieu de* rue des Saints-Pères.

OFFICE DE LIBRAIRIE, D'ÉDITIONS ET DE TRAVAUX D'IMPRESSIONS, rue de Latran, 5 (Ve).

OUDIN (H.), rue de Condé, 24, *au lieu de* rue Soufflot.

OUTIN (Charles), rue Saint-Sulpice, 24, et rue Bonaparte, 57, *au lieu de* rue des Saints-Pères.

PASCAL (Henri), rue Tiquetonne, 38, *au lieu de* 26.

PATAY (Adolphe), rue du Faubourg Saint-Martin, 31, *au lieu de* passage de l'Industrie.

PÈNE (de). (Voir TOURNAIRE).

PETIT (E.). (Voir LIBRAIRIE DES PUBLICATIONS POPULAIRES).

PIGEON (F.), rue de Richelieu, 57, *au lieu de* boulevard Bonne-Nouvelle.

PIN, rue Eugène Gibez, 5 (XVe).

POINAT, éditeur, rue Royer-Collard, 4 (Ve). Maison à LYON.

POISSON (Just), rue de Lille, 37, *au lieu de* rue de Beaune.

PRATH (A.) ET MAYNIER, rue de Lille, 4.

PRUVOT (Ch.). (Voir ÉDITIONS DE LA PENSÉE).

RAIMON ET ROUDLOFF. (Voir G.-H. BRIOURD).

RASMUSSEN (Vadd), rue du Cherche-Midi, 42 (VIe).

ROBARD. (*A supprimer*).

ROMAGNOL (A.), rue de Seine, 85, *au lieu de* rue de Condé.

ROSIER (Paul), rue de Richelieu, 26 (Ier).

ROTIER (Vve). (*A supprimer*).

ROYER (Em.) et Fils. (Voir BOUDIGNON-SARTIAUX ET Cie).

SAARBACH'S NEW EXCHANGE, rue Saint-Georges, 9 (IXe).

SACQUET (P.). (Voir J. SCHEMIT).

SALMON (Léon). (Voir André BESSIRE).

SCHLESINGER. (*à Montrouge*).

SEIWITH. (*A supprimer*).

SIMON (Francis), r. Jean-Jacques Rousseau, 64. Maison à RENNES.

SMITH ET SON (W. H.), rue de Rivoli, 248 (Ier).

SOCIÉTÉ D'ÉDITIONS, r. Vivienne, 47 (IIe).

SOCIÉTÉ D'ÉDITIONS CATHOLIQUES. (*A supprimer*).

SOCIÉTÉ D'ÉDITIONS CONTEMPORAINES, rue du Pont-de-Lodi, 5 (VIe).

SOCIÉTÉ NOUVELLE DE LIBRAIRIE ET D'ÉDITION, rue de Vaugirard, 101, *au lieu de* rue de Cujas.

SOUQUE (Jules). (Voir A. LEDOUX).

STÉPHAN (Charles), boulevard Beaumarchais, 52, *au lieu de* boulevard de l'Hôpital.

STOCK, rue Saint-Honoré, 155, *au lieu de* rue de Richelieu.

SUZANNE ET HAVEZ. (Voir E. ULMANN).

TAFFIN-LEFORT, rue de Savoie, 11, *au lieu de* rue des Saints-Pères.

TERQUEM (Emile), rue Scribe, 19, *au lieu de* rue des Mathurins.

TOURNAIRE, boulevard Saint-Germain, 242 *bis* (VIIe).

TRAU (Mme), rue de Rennes, 152 (VIe).

ULMANN (Emile), rue Malebranche, 5 (V^e).

VALD RASMUSSEN. (Voir RASMUSSEN Vald).

VAN OEST ET Cie, rue Bonaparte, 17 (VIe). Maison à BRUXELLES.

VÉSONE ET MATHIEU, avenue d'Orléans, 87 *bis*.

VILDIER. (Voir E. FEUILLATRE).

VOISIN, rue Mazarine, 34, *au lieu de* 31.

WEYRICH (Mlle Marguerite), rue Victor-Massé, 17 (IXe).

LIBRAIRIES DES DÉPARTEMENTS

AGEN (Lot-et-Garonne).
Laffitte (Mme J.).
Monmayrac, *au lieu de* Monmayrant.

ALAIS (Gard).
Peschard (Honoré), *au lieu de* J. aîné.

ALBERTVILLE (Savoie).
Chapuis (J.).
Supprimer :
Gachon.

ALENÇON (Orne).
Agnès (Mme Vve).
Beuret (Lucien).
Herpin.
Supprimer :
Loyer-Fontaine.
Ramilly (Mme).

AMIENS (Somme).
Supprimer :
Rousseau-Leroy (Mme Vve).

ANGERS (Maine-et-Loire).
Bouchez (Henri).
Supprimer :
Guinebertière.

ARDRES (Pas-de-Calais).
Supprimer :
Thuillier-Blondel (R.).

ARMENTIÈRES (Nord).
Bette-Caux, *au lieu de* Bette et Caux.

ARRAS (Pas-de-Calais).
Eloy (Jules).
Supprimer :
Laroche (P.-M.).

ASNIÈRES (Seine).
Supprimer :
Lemenil.

AUDINCOURT (Doubs).
Mathil.

AUTUN (Saône-et-Loire).
Bligny fils, *au lieu de* Bligny-Cottot.

AVESNES (Nord).
Supprimer :
Piérart.

AVIGNON (Vaucluse).
Prévot (Ph.).
Supprimer :
Perrot (Louis).

BAUME-LES-DAMES (Doubs).
Tristan (Mlle).

BAYONNE (Basses-Pyrénées).
Lamaignère (A.), *au lieu de* Mme Vve.

BEAUCOURT (Terr. de Belfort).
Herique.

BEAUVAIS (Oise).
Prévot-Bussy.
Supprimer :
Larsonnier.
Rendu.

BELLEVILLE-SUR-SAONE (Rhône).
Mermod (Louis).
Supprimer :
Bal (Joseph).

BERCK-PLAGE (Pas-de-Calais).
Brulein frères.

BESANÇON (Doubs).
Editions de la Femme contemporaine.
Liard.

BÉZIERS (Hérault).
Supprimer :
Rebierre.

BLAMONT (Meurthe-et-Moselle).
Höllinger.
Supprimer :
Feys.
BLANC (LE) (Indre).
Villiers-Pailler (Vve).
Supprimer :
Decré.
Duserre.
BLOIS (Loir-et-Cher).
Supprimer :
Gilles (G.).
BORDEAUX (Gironde).
Sarthe (Louis).
Supprimer :
Flouzé.
Robin (L.).
BORT (Corrèze).
Barbat (François), *au lieu de*
Barbat-Torresse.
BOULOGNE-SUR-MER (Pas-de-Calais).
Guillaud (Paul).
Supprimer :
Gillaut-Macquet.
BOULOGNE-SUR-SEINE (Seine).
Karl (Vve A.).
Supprimer :
Philippot (Léon).
BOURBONNE - LES - BAINS (Haute-Marne).
Supprimer :
Reymond (A.).
BOURG-DE-PÉAGE (Drôme).
Librairie séraphique.
BOURG-EN-BRESSE (Ain).
Bertéa. Éditeur.
Supprimer :
Christophe.
BOURGES (Cher).
Supprimer :
Jean (François).
Just-Bernard (Eugène).

BREST (Finistère).
Bizien.
Le Borgne.
Supprimer :
Oblin (Henri).
CALAIS (Pas-de-Calais).
Baratte (A.).
Supprimer :
Debuire-Dehondt (Mme).
CANNES (Alpes-Maritimes).
Lacroix (A.).
Supprimer :
Sauvaigo (J.-B.).
Sauvaigo fils.
CARCASSONNE (Aude).
Cluzon (F.).
CATEAU (LE) (Nord).
Rolland (E.) et Delcroix.
Supprimer :
Dehaussy.
CETTE (Hérault).
Supprimer :
Rolin.
CHAMPAGNOLE (Jura).
Chevassu (Mme).
CHARMES (Vosges).
Blanpied.
CHARTRES (Eure-et-Loir).
Coquet.
CHATEAUDUN (Eure-et-Loir).
Morin.
Supprimer :
Gougère (Armand).
CHATEAUNEUF - EN - THYMERAIS (Eure-et-Loir).
Grangé (Léon).
Supprimer :
Radet (Henri).
CHATEAUROUX (Indre).
Menier (Auguste).
Supprimer :
Milliet.
CHATILLON-SUR-SEINE (Côte-d'Or)
Supprimer :
Renard (Mlle).

CHERBOURG (Manche).
Supprimer :
Simon (Mlle Louise-Marie).

CHINON (Indre-et-Loire).
Ogier (L.).
Supprimer :
Huault (Mlle).

COLOMBES (Seine).
Supprimer :
Dujols.

CONDÉ-SUR-NOIREAU (Calvados).
Fortin (H.).
Supprimer :
Madeline (Mme).

DECIZE (Nièvre).
Travard (Antoine).
Supprimer :
Depierre (Mlle).

DIJON (Côte-d'Or).
Groffier (L.).
Supprimer :
Nourry (Émile).

DINARD-SAINT-ENOGAT (Ille-et-Vilaine).
Motté (L.).
Supprimer :
Raux (Mme).

DOLE-DU-JURA (Jura).
Girardi et Audebert, Éditeurs.
Jacques (A.), *au lieu de* Jacquel.

DUNKERQUE (Nord).
H ury (Vve A.).
Supprimer :
Vasseur-Pierens (L.).

ENGHIEN-LES-BAINS (Seine-et-Oise).
Supprimer :
Verges (Mme Vve).

ÉPERNAY (Marne).
Bracquemart-Derousse.
Supprimer :
Bonnard (Clara).

ÉPINAL (Vosges).
Supprimer :
Piotrowski (M.).

ÉVREUX (Eure).
Supprimer :
Marsollet.

FÉCAMP (Seine-Inférieure).
Feray (J.).
Supprimer :
Hermel.

FERTÉ-BERNARD (LA) (Sarthe).
Supprimer :
Renard (Adolphe).

FLÈCHE (LA) (Sarthe).
Bouillon (Mme A.).
Supprimer :
Chauvin-Laillier (Mme Vve).

FRESNAY-SUR-SARTHE (Sarthe).
Brunet-Moire, *au lieu de* Bruney.

GRANVILLE (Manche).
Moulin (Louis).
Supprimer :
Geoffroy.

GRENOBLE (Isère).
Dardelet (Félix), *au lieu de* Baratier et Dardelet.
Supprimer :
Servioz (Mlle).

HAVRE (LE) (Seine-Inférieure).
Blotière (J.).
Supprimer :
Godfroy.
Lebailly (Mlle).
Lemaître.

ISIGNY (Calvados).
Renouf (Ch.).

JANVILLE (Eure-et-Loir).
Supprimer :
Bouffard (Mme Vve).

JOINVILLE-LE-PONT (Seine).
François (Eugène).

LAMASTRE (Ardèche).
Deloche fils.

LANGRES (Haute-Marne).
  Gendrey (Emile).
        Supprimer :
  Carbillet (G.).
LAON (Aisne).
  Warnet-Fagard.
        Supprimer :
  Longuet-Destable (Mme Vve).
LEVALLOIS-PERRET (Seine).
        Supprimer :
  Cadot.
LEVROUX (Indre).
  Aufrère, *au lieu de* Lefrère.
LIBOURNE (Gironde).
  Barbon (Jules), *au lieu de* Mme.
LIGNY-LEZ-AIRE (Pas-de-Calais).
  Thuillier-Blondel (R.).
LILLE (Nord).
  Edition du Beffroi.
LIMOGES (Haute-Vienne).
  Ducourtieux et Gout, *au lieu
  de* Mme Vve.
LISIEUX (Calvados).
  Blanche (O.).
        Supprimer :
  Le Blond (L.).
LONS-LE-SAUNIER (Jura).
  Gey et Guy, *au lieu de* Gey
  (Arsène).
LOUHANS (Saône-et-Loire).
  Girardeau-Loreau.
LURE (Haute-Saône).
  Ecrement (A.).
        Supprimer :
  Terrier (A.).
LYON.
  Richsel.
  Boucher.
  Chambefort.
  Dupuis et Laffay, *au lieu de*
  Dupuis-Laffay.
  Lardenchet (H.).
  Leclerc.
  Maloine (A.). Maison à PARIS.

Perreyon frères.
Pillet (F.).
Poinat. Maison à PARIS.
Toursier (G.).
        Supprimer :
Bret.
Dépolliet.
Girod (P.).
Grégoire et Gingoz (Mmes).
Martin (Mme), rue Carmélite.
Montmasson.
Promiot.
Rapet fils.
Savy (Louis).
Sigaud.
Société nouvelle des Écoles
  de France.
Turmel (Mme).
MACON (Saône-et-Loire).
  Prudhon (L.).
        Supprimer :
  Courtois-Courencq.
MAISONS-LAFFITTE (S.-et-Oise).
  Petit (Pierre).
MALMAISON (LA) (Aisne).
        Supprimer :
  Pottelain.
MALO-LES-BAINS (Nord).
        Supprimer :
  Lequesne.
MANS (LE) (Sarthe).
        Supprimer :
  Baudoin.
MARSEILLE.
  Brisset aîné.
  Flammarion et Vaillant. Mai-
  son à PARIS.
  Samat fils et Cie, *au lieu de*
  Samat et fils.
  Signorello.
        Supprimer :
  Aubertin et Rolle.
  Barralis.
  Mazet.
  Merelli.

MASTRE (LA) (Ardèche).
Voir LAMASTRE.

MAURIAC (Cantal).
Becker-Lacassagne.
Supprimer :
Kossmann-Becker (Jean).

MAYENNE (Mayenne).
Boursier et Bridoux.
Supprimer :
Bouly (François).
Piau-Léonard.

MELLE-SUR-BÉRONNE (Deux-Sèvres).
Montazeau-Lacuve, *au lieu de* Lacuve (Ed.).

MILLY (Seine-et-Oise).
Félix (August·).

MIRECOURT (Vosges).
Chassel (Georges), *au lieu de* Joseph.

MONACO.
Supprimer :
Lieutart et Genu.

MONTARGIS (Loiret).
Chartier (Charles), *au lieu de* Chartier frères.

MONTBÉLIARD (Doubs).
Jonte (Mme).

MONTÉLIMAR (Drôme).
Supprimer :
Ollivier (Mme Vve).

MONTIVILLIERS (Seine-Inférieure).
Supprimer :
Houdemare.

MONTMORENCY (Seine-et-Oise).
Viéville (Mme Vve).
Supprimer :
Girard (Mme Vve).

MONTROUGE (Seine).
Schlesinger (Emmanuel).

MORLAIX (Finistère).
Jobert (Mlles).
Lucas (Raphaël).

Supprimer :
Boucherit (Mlle).

MOULINS (Allier).
Faure.

NANCY (Meurthe-et-Moselle).
Pierron (Paul), *au lieu de* Pierron et Hozé.
Vagner (V.) et J. Lambert.
Supprimer :
Bergeret (A.) et Cie.
Sidot frères.

NANGIS (Seine-et-Marne).
Bouteille (Eug.).
Supprimer :
Dumontier (Victor).

NANTES (Loire-Inférieure).
Guillard-Duparc.
Vié et fils, *au lieu de* Mme Vier.
Supprimer :
Dugas, imprimeur.
Guillaume-Thouroude.

NARBONNE (Aude).
Bousquet frères.

NEUFCHATEAU (Vosges).
Jacob (Mme Paul).

NEUILLY-SUR-SEINE (Seine).
Cabinet du Pamphlétaire.
Supprimer :
Baudry de Saunier.

NICE (Alpes-Maritimes).
Autran.
Escoffier (Siméon).
Librairie évangélique.
Mayeur (A.).
Salerou (A.).
Supprimer :
Appy (F.).
Barthélemy (E.).
Biancalana (T.).
Librairie salésienne.
Milhaud-Montel et Cie.

NIORT (Deux-Sèvres).
Clouzot (Georges), *au lieu de* Léon.

NYONS (Drôme).
Supprimer :
Bonnardel.
OISEMONT (Somme), *au lieu de*
ORGEMONT.
ORLÉANS (Loiret).
Levrier (Henri), *au lieu de*
Levrier-Mothiron.
Paragot.
Proutière.
Supprimer :
Librairie du Loiret.
ORTHEZ (Basses-Pyrénées).
Faget (Emile).
Supprimer :
Goude-Dumesnil.
PARTHENAY (Deux-Sèvres).
Supprimer :
Librairie de Saint-Cirque.
PAU (Basses-Pyrénées).
Supprimer :
Vignancourt.
PERPIGNAN (Pyrénées-Orient.).
Campistro frères.
Cassoly et Bousquet.
Supprimer :
Latrobe (Georges).
PLOMBIÈRES (Vosges).
Supprimer :
Leduc (Mme).
POISSY (Seine-et-Oise).
Porchellet (J.).
Supprimer :
Marchand.
POITIERS (Vienne).
Supprimer :
Reynes.
PONTARLIER (Doubs).
Renot-Rousseau (Vve).
Supprimer :
Labille-Rousseau.
PONT-DE-ROIDE (Doubs).
Dupont.

PONT-SAINTE-MAXENCE (Oise).
Supprimer :
Petit (**Th.**).
POUANCÉ (Maine-et-Loire).
Bellanger.
PRÉ-SAINT-GERVAIS (LE) (Seine).
Saffroy frères, *au lieu de* Louis.
PRIVAS (Ardèche).
Roger.
PUY-EN-VELAY (LE) (Hte-Loire).
Terle (P.), *au lieu de* Terle-
Aymar.
QUESNOY-SUR-DEULE (Nord).
Supprimer :
Vibaille (Mlle).
QUIMPERLÉ (Finistère).
Terrier (Mme Vve), *au lieu de*
Perrier.
RAON-L'ETAPE (Vosges).
Supprimer :
Jeanty.
REIMS (Marne).
Chauvillon (E.).
Lanier.
Masson.
Michaud (Léon), *au lieu de* F.
Supprimer :
Bron-Bourquin.
Gontier (E.).
Lamer (Emile).
REMIREMONT (Vosges).
Gillon (Pierre).
Supprimer :
Leduc (Mme Vve).
RENNES (Ille-et-Vilaine).
Supprimer :
Quatrebœufs.
RÉTHEL (Ardennes).
Gillet (Mme J.).
Supprimer :
Huart.
Kienné (Charles).
RIBEMONT (Aisne).
Malliard-Brognier, *au lieu de*
Maillard.

ROCHE-EN-BREUIL (LA) (Côte-
d'Or).
Grandgérard (Abel).

ROCHEFORT-SUR-MER (Charente-
Inférieure).
Enault.
Person (Mlles) sœurs.
Supprimer :
Gazeau (Mlle C.).
Girard (Mlle).

ROCHELLE (LA) (Charente-Inf.).
Vincent.

ROCHE-SUR-YON (LA) (Vendée)
Supprimer :
Guitton.

ROMORANTIN (Loir-et-Cher).
Bouclet (E.-S.).
Supprimer :
Daveu.

ROUBAIX (Nord).
Maison (la) du Livre.
Supprimer :
Desterbecq-Vaal.
Verdouck (J.).

ROUEN (Seine-Inférieure).
Barbé (H.).
Cavé (Fern.).
Supprimer :
Fleury (E.).
Langlois (Paul).
Schneider frères.

ROYAN (Charente-Inférieure).
Supprimer :
Florentin-Blanchard.

ROZOY-SUR-SERRE (Aisne).
Supprimer :
Camus.

SABLÉ (Sarthe).
Gaudin (Albert).
Supprimer :
Solnais (Mathurin).

SAINT-AMOUR (Jura).
Pey.

SAINT-CHÉLY-D'APCHER (Lozère),
*au lieu d'*Aveyron.
Olier (Frédéric).
Supprimer :
Noal.

SAINT-CLAUDE-SUR-BIENNE (Jura).
Buffard-Morel (Mlle L.).
Supprimer :
Gruet (François).

SAINT-DENIS-SUR-SEINE (Seine).
Weiss (Joseph).
Supprimer :
Frocourt.

SAINT-ÉTIENNE (Loire).
Gayssials.
Léage (Elie) et Cie.
Supprimer :
Dard-Janin (J.).

SAINT-GERMAIN-EN-LAYE (Seine-
et-Oise).
Supprimer :
Broussé.

SAINT-LO (Manche).
Hébert (Eugène).
Voisin-Leclercq.
Supprimer :
Leclercq (Aug.).
Penteux-Nativielle (M.).

SAINT-MAIXENT (Deux-Sèvres).
Payet. Éditeur.

SAINTE-MENEHOULD (Marne).
Martinet-Heuillard, *au lieu de*
Heuillard (Calixte).

SAINT-OMER (Pas-de-Calais).
Trichon.

SAINT-REMY-DE-PROVENCE (Bou-
ches-du-Rhône).
Supprimer :
Brisset.

SAINT-VALÉRY-EN-CAUX (Seine-
Inférieure).
Canaux (Auguste).
Supprimer :
Leneutre (Edmond). .

SÉES (Orne).
> *Supprimer* :
Caillet.

SEURRE (Côte-d'Or).
Savignat (Mlle).
> *Supprimer* :
Chambellan (André).

SOMMEVOIRE (Haute-Marne).
> *Supprimer* :
Grancée (Paul).

STENAY (Meuse).
Martinot (Émile).
> *Supprimer* :
Chevillard-Duchêne.

TARBES (Hautes-Pyrénées).
> *Supprimer* :
Cazaux.

TENCE (Haute-Loire).
Dupau-Pouton, *au lieu de*
Dupau-Charrier.

THOUARS (Deux-Sèvres).
Ganne (Amand).
> *Supprimer* :
Nayel (Mlle).

TOULON-SUR-MER (Var).
Olive (Lazare).
> *Supprimer* :
Antonini.
Bonduel.

TOULOUSE (Haute-Garonne).
Regnault (Félix), *au lieu de*
Regnault et fils.
Société des Publications mo-
rales et religieuses, *au lieu
de* Société des Livres reli-
gieux.
> *Supprimer* :
Amardeilh.
Douladoure-Privat.

TOURCOING (Nord).
Desmet.

TOURS (Indre-et-Loire).
Cognon.
Le Bodo frères.
Lemiale (Victor).
> *Supprimer* :
Barbot-Besner.
Henry (A.).

TRÉVIÈRES (Calvados).
Renouf (Charles).
> *Supprimer* :
Furon (E.).

TRÉVOUX (Ain).
Jeannin.

TROUVILLE-SUR-MER (Calvados).
Rabey (L.).
> *Supprimer* :
Louvet (Mme).

USSEL-SUR-SARSONNE (Corrèze).
Eyboulet frères, *au lieu de*
Louis.

VASSY (Haute-Marne).
> *Supprimer* :
Schreyer (Mme).

VENDOME (Loir-et-Cher).
Chartier (H.).
> *Supprimer* :
Viault (Gatien).

VERNON (Eure).
Caron-Garrigues.
> *Supprimer* :
Sauvalle.

VERSAILLES (Seine-et-Oise).
Dangla.
Godfroy (R.).
> *Supprimer* :
Paris (Mme).

VICHY (Allier).
Wallon frères.

VIENNE (Isère).
Ogeret et Martin.
> *Supprimer* :
Girard.
Savigné.

VIGAN (LE) (Gard).
Supprimer :
Brun (Mme Honoré).

VILLEFRANCHE - DE - ROUERGUE
(Aveyron).
Conte (Henry).
Supprimer :
Marre.

VIRE (Calvados).
Supprimer :
Huart.

VIZILLE (Isère).
Supprimer :
Terrat.

WATTRELOS (Nord).
Supprimer :
Friart.

LIBRAIRIES DES COLONIES

ALGÉRIE.

ALGER.
Librairie algérienne.

BONE (Constantine).
Supprimer :
Crépu.

MUSTAPHA (Alger).
Supprimer :
Brogard.

ORAN.
Manhès.

COCHINCHINE.

SAÏGON.
Coudurier et Montegout.

TUNISIE.

SFAX.
Supprimer :
Pratviel.

TUNIS.
Danguin (J.), *au lieu de* Danguin père et fils.
Supprimer :
Samama.
Vonner.

---

www.ingramcontent.com/pod-product-compliance
Lightning Source LLC
LaVergne TN
LVHW082239170726
843503LV00011B/4481

9 782329 707983